阅读成就梦想……

Read to Achieve

安妮聊哲学

[英] 安妮·鲁尼（Anne Rooney）◎著　　何放◎译

THE 15-MINUTE
PHILOSOPHER

中国人民大学出版社
· 北京 ·

哲学可用来做什么

你是不是也曾有过一边享用葡萄酒或黑咖啡，一边探讨人生直到深夜的经历？现在你无需因时间有限、精力不足而困惑了，有了这本《安妮聊哲学》，你就不必挑灯熬夜了，而且它还能让大脑每天有规律地进行锻炼。

哲学的作用

有些人认为哲学只存在于象牙塔当中，对于现实世界无计可施。这种观点可谓大错特错。事实上，生活的方方面面和我们的每个决定都与哲学密不可分。哲学思维为我们建立

了法律法规，不仅让我们能够深入理解晦涩难懂的宗教教义，而且在以下诸多方面对我们都有着积极的启示作用。诸如：如何惩戒罪犯？如何构建教育体系？如何布置监控摄像机？我们的食物当中是否存在转基因成分？我们应缴纳多少税额？甚至在关于如何对待在线色情视频，以及可否进行器官移植等方面的问题上，我们都离不开"哲学"这门学科。对伦理学、政治学以及形而上的命题的探索和钻研精神不仅能让我们身心愉悦还能强化我们的大脑。同样，上述这种精神对于深化和发展我们对于当下生活的某些固有观点也至关重要。

从古至今的哲学家通常会在烈酒、咖啡和香烟的陪伴下思考人生的意义。

我真正欠缺的是一个清晰而明确的人生目标……寻找一个对我而言是真理的真理，寻找一个我愿意为它活、为它而死的理念。

索伦·克尔凯郭尔（Soren Kierkegaard）

哲学能助你解决令人百思不得其解的难题，还能促使你成为你坚信自己要成为的人。当然，这并不是说学习哲学后你就会成为电影明星或宇航员，它只是依据你的判断标准帮你认识到在你的生活中什么是最重要的，在你生命中什么是需要优先考虑的。相比较而言，没有什么工作会比塑造自我品格更重要，也没有什么事会比改变自我更重要。所以，你所需要做的就是实现自我改变。

第欧根尼（Diogenes），生活在约公元前350年左右，雅典人。古希腊时期的哲学家只能在没有咖啡或香烟陪伴的艰苦条件下钻研哲学命题。而古希腊哲学家第欧根尼缺少的不仅仅是咖啡和香烟，他甚至连一个像样的住所都没有，能为他遮风挡雨的"家"只是一个破旧的大瓦罐。

许多问题都有答案吗

欲知晓两座山当中哪座更高，我们只需同时测量它们的海拔，比较之后就能得出结果。

哲学教学——一份高风险的职业

古希腊哲学家苏格拉底（Socrates）在雅典以激进的思想和言辞惹恼了当时保守派元老，最后被以藐视诸神和腐蚀青年思想的罪名送上了审判庭。如果他放弃了自己的哲学思想，他就能得到一个缓刑的机会，但苏格拉底严词拒绝并且进一步坚持自己的哲学主张，最终恼怒的陪审团将其判处死刑。公元前399年，这位西方哲学的奠基人在亲友面前饮毒酒自尽。

古往今来的思想家都面临着政治迫害的危险。同时极权主义统治下的知识分子常常会受到统治者的排挤和敌视。纵观历史，一些国家的知识分子都受到了不同程度的政治迫害。抗拒管治、煽动百姓、挑战权威都是当代激进知识分子的禀性。而正是这种禀性给他们带来2500年前苏格拉底那样的人生结局。在昏庸的统治阶级眼里，有思想的知识阶层就像军火商一样威胁着他们的统治。

如果我们测量得够准确，那么答案无疑也会更加准确。而哲学不是简单的测量比较。比如，你认为世上有上帝存在，而我认为没有，那么我们请来了客观的第三方。在第三方面前我们分别论述了各自的理由，但是第三方无法判定谁对谁错。所以说对于某些问题，我们不可能给出让人们普遍认同的答案，比如堕胎这种涉及道德层面的问题，或是民主制度是不是最公平合理的政治制度。

既然不存在一把像测量两座山海拔的标尺来比较人与人的思想，那我们又怎样验证我们的观点呢？我们可以尝试通过有理有据的辩论，在两个或多个观点中甄选出哪个是最具说服力的，最具说服力的观点就是最接近真理的观点；或者我们也可以重述自己的观点以达到劝服别人的目的。以上第一种方法就叫"哲学"，第二种则叫"无效不妥协论"。

要有所获，首先你得敞开心扉接受哲学这门学科；其次，你要有学习哲学的热情，这样你才能改变或巩固你的一些观点。经过哲学的训练和熏陶，最后你或许会发现——原本坚持的观点在严密的推理和坚实的佐证下会变得更具说服力。

测量山高

凡事都不像表面看上去的那么简单，例如比较两座山的海拔。无论在科学领域还是在哲学领域，问题本身往往比答案更重要。珠穆朗玛峰是不是喜马拉雅山的最高峰？或者莫纳克亚火山是不是夏威夷的最高峰？要回答上面两个问题首先要看你选什么作为参照物。

如果你以海平面作参照物那么珠穆朗玛峰就是世界最高的山峰。取周围平地为参照物，莫纳克亚火山就是世界最高的山峰（尽管平地都处在海底）。然而从哲学角度出发，我们探寻答案的热情一点都不亚于对问题本身的热情。

观点与真理的对抗

　　因为缺乏表面上的和客观决定性的证据，继而一些人更愿意将哲学命题视为是一种观点。相反找不到"标准答案"的问题并不是使其成为一种观点的理由。其实辨别什么是哲学命题并不难，哲学由以下几部分构成：（1）阐述观点；（2）挖掘符合逻辑并能支持论点的合理论据；（3）驳斥反方论点以逐步趋向可能的最佳论点。但是在哲学领域，新的论据出现后原有的论点会被推翻。这种现象同样会出现在物理学领域，比如更合理的理论会替代早期的旧理论。在物理学领域，首选的理论就是一种更能适合所观察到的现象并确保我们能做出准确预测的理论。而在哲学领域，所谓"好的"观点必须具备以下条件：前后论点一致，包容性强，并且在大多数情况下能得到广泛的应用。

在地球之外的浩瀚宇宙中是否还有生命的存在呢？对此我们不得而知，但有一点是肯定的，就是我们现在还没有寻找到这些生命存在的技术手段。

这个世界存在真理吗

　　如果我们最终无法验证某个哲学观点的真实性，那么是不是意味着这个世界上不存在哲学真理？这个问题众多哲学家曾多次讨论，而结果也许如你所料——大家莫衷一是。

　　上述问题并不局限于哲学范畴，它同样会出现在包括物理学在内的其他领域。比如说，我们在物理学上的发现是否属于客观事实？或者说这些发现只是我们对这个世界一厢情愿的看法？然而这个世界是存在真理的，只不过我们还不能确定而已。

"杀人是罪恶的"

哲学与科学的相似之处在于它可以让我们无限接近于真理。当我们提出"杀人是罪恶的"这个观点后，大脑也许很快会闪现出一些相反事例。例如，对于身患绝症设法寻求解脱的人来说终结生命是罪恶的吗？但是以上只是一种特例，并不具有普遍价值。这样我们可以将之前的观点进一步修改为"杀害没有自杀意愿的人的行为是罪恶的"。但是我们大脑同样还会出现一些相反事例。比如战争？再比如司法死刑判决？当有人还在坚守"杀人是罪恶的"这个观点，并为此提出相应的论据时，其他人可能已将此观点完善为"在和平年代滥杀无辜是罪恶的"。其实，哲学就是一套通过不断进行自我完善来解决问题的方法。哲学希望我们构建一个能与大自然和谐相处的人类社会。如此一来，我们或许真能从中发现真理。可是谁知道呢？

THE 15-MINUTE PHILOSOPHER

目 录

第一部分

思想

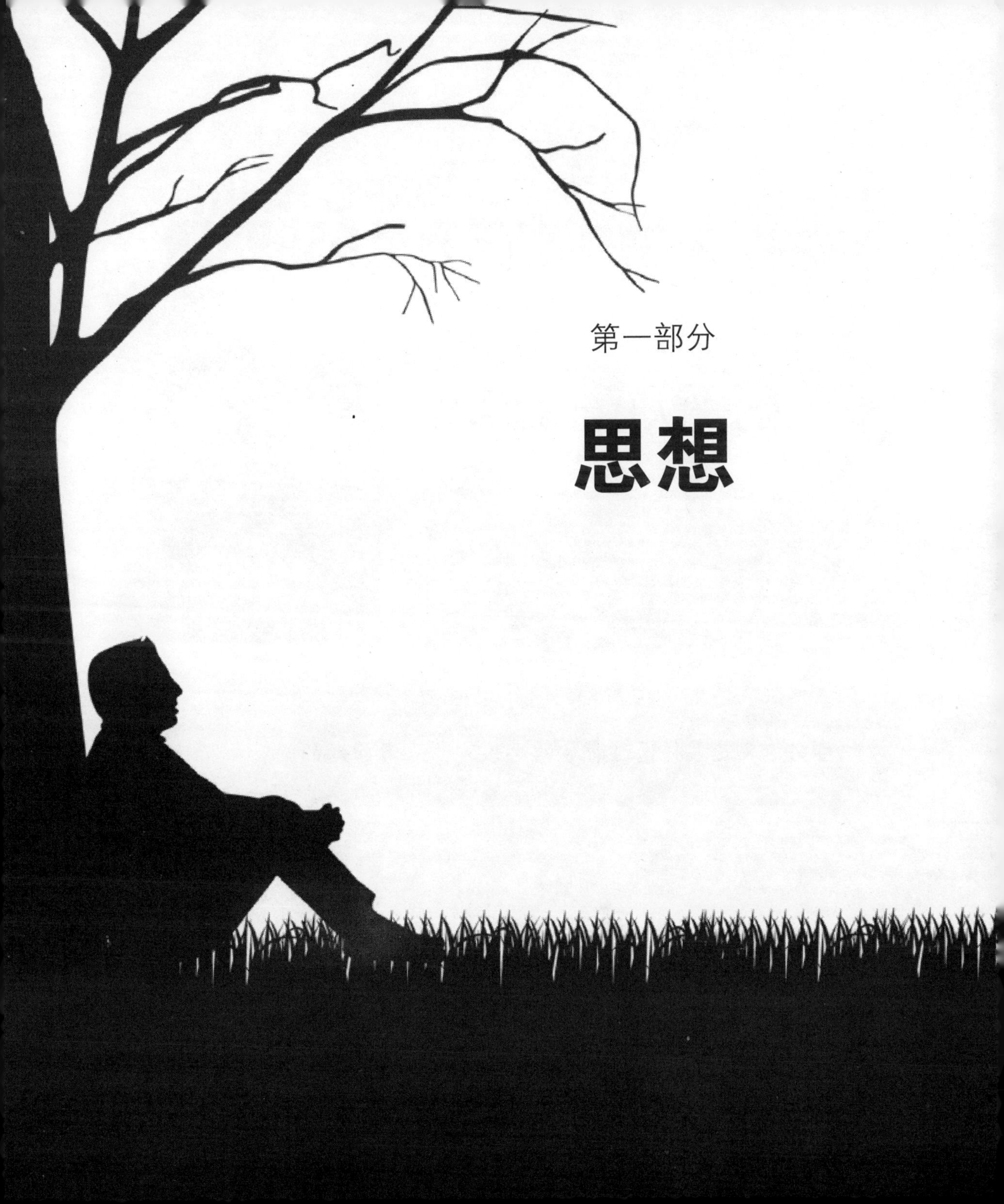

THE 15-MINUTE PHILOSOPHER

第 1 章

你知道人是如何思考的吗

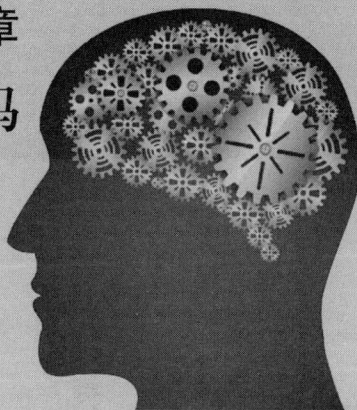

那么你又是怎样通过哲学的思维方法思考问题的呢？

哲学就是训练人的思维能力，也就是说学习哲学这门学科你不得不训练你的思维能力。然而思维训练过程并不是将各种知识简单的积累或拼凑，而是十分艰辛的。

提姆·克莱恩（Tim Crane），剑桥大学奈特布里奇哲学教授

质疑一切的态度

受过思维训练的人不会对任何问题做出想当然的判断。在前言中我们讨论过一个看似简单的问题——两座山当中哪座更高？然而在回答之前我们首先需要明确这类问题的各种限制条件。诚然，在解答哲学方面的问题时，我们首先要对问题本身及所涉及的哲学术语或理论进行反复检查和确认，这样才能确保最终答案的准确性。

逻辑和推理是哲学研究的两大方法。而语言是阐述观点的载体，也就是说，要想明确地表达自己的观点首先要有牢不可破的语言功底。事实上，20世纪哲学工作的重点就在于审视哲学的基础理论以及选择合适的语言进行论证。

当你初步感知哲学时，你会感觉世间万物风云变幻，一切无章可循仿佛雾里看花。而通过哲学方法思考问题会令你精神振奋、惊心动魄或两者皆而有之。如果你认为任何事物都是一种确定无疑的存在，那么哲学不适合你；不过，你若是对益智性的健脑游戏颇感兴趣，并且还乐于接受挑战的话，那么哲学就是你的不二选择。

分形体是一种结构复杂的图案。当你近距离观察它你就会发现——这个图案整体是由大量具有自相似性的个体复制而成的。数学的观点认为，被分形体所包围的区域是有限的，但其边界的周长是无限的。你如果把哲学看作是"分形体"，那么当中的每一个问题都可以不断地衍生出更多的问题。

打破常规

苏格拉底常常说他自己唯一能肯定的事就是自己的无知。他还认为，也正因为他认识到了自己的无知，才有可能比其他人更加聪慧。而自认为比他更有学识并能准确定义一些常规概念诸如"勇气""正义"的人经常会受到苏格拉底习惯性的挑战和发问。无论他们怎么论证，苏格拉底总能从中找出漏洞，并提出论据反驳他们的前后矛盾之处。他这样做的目的就是想向世人证明万物都比我们所认识到的要复杂，而不加怀疑、随大流地接受某些观点的做法是武断且不理智的。在当时，苏格拉底这种打破人们传统认知观的行为让他受到雅典当权者的责难。现如今他的教学法仍在使用并被后世称为"苏格拉底问答法"。这种辩证教学法通过逻辑推理和合理的论述指引学生更好地认识真理。

论点的建立

"苏格拉底问答法"从改变人们的传统认知观到构筑知识体系方面都有着历史性意义。

此外，这种问答法通过"由问题到答案再由答案引发新问题"的形式更能让学生深入地理解问题。

现在这种问答法常与 19 世纪德国哲学家黑格尔提出的"三段论"相结合。所谓黑格尔"三段论"主要由以下三部分组成。

正题： 假设认为"说谎是不对的"这个命题是正确的。

反题： 通过合理的论证得出一个相反的命题，即"以保护受谎者利益为初衷，说谎有时也是可行的"。

合题： 经过正题和反题的综合、扬弃达到统一后的新命题。比如说，"当谎言损害到他人利益时，那么这种谎言都是不对的"。

黑格尔"三段论"逻辑定律是可以重复运用的。即，合题经过剖析再校正后可以成为新的正题。如果你能运用以上方法对你的观点加以审视，那么在日常对话中你不但能更有条理地表达自己的观点，还能帮你建立更具说服力的论点。

黑格尔

法院审理案件的过程就是被告与原告相互辩论的过程。而哲学的辩论技巧和方法对案件最终的裁决也能起到决定性作用。

从零开始

一般来说，哲学家都是在继承前人的思想成果和理论后才形成了自己的学说。然而事实并非总是如此。哲学不同于其他学科的地方在于它要求其学习者必须抱着"空杯心态"，一切从零学起。一种新的理论学说只要它本身符合逻辑且前后观点统一，那么它就应受到重视。马丁·海德格尔（Martin Heidegger，1889—1976）和路德维希·维特根斯坦（Ludwig Wittgenstein，1889—1951）也一致认为，两千年以来哲学界"只有先继承前人的思想成果才能发扬自己的学术观点"的认识是完全错误的，而现在是纠正这种认识的时候了。维特根斯坦也曾表达过这样的看法："我并不关心别人是否对我以前的学术思想有过相同的认识。"当然不可否认的是，如果有人本身对前人的学术思想有相同的认识，并能在此基础上提出自己新鲜见解，这样总比让初学者先花大量时间去翻阅学习先哲的学术著作要可行得多。

反方

在哲学辩论中，某个人或某个群体会扮演反方的角色——即会对某个命题持反对态度。从1587年至1983年，反方这个角色一直有着不可替代的历史地位。在是否吸纳新圣徒的案例中，早期圣徒派的正方不主张吸纳新圣徒，而反方认为应该吸纳新圣徒。这时反方的工作就是寻找正方论据中的矛盾。苏格拉底以前就担任反方的角色，需要不断找出对方论据中的矛盾。

逻辑的作用

逻辑是一种通过精确的语言表现一个人思考和推理能力的思维规律。亚里士多德（Aristotle，前384年—前322年），古希腊雅典哲学家，是逻辑方法的奠基人。他首先向我们表明了两种正确的观点，且这两种观点中都包含同一个关键词，随后他又从这两种观点中衍生出另一个观点，但这个观点并不包含前两种观点的关键词。其中最具代表性的例子要属他的逻辑三段论：

所有人都会死。苏格拉底是人。所以苏格拉底会死。

这里，在前两个观点中共有的关键词是"人"。将文字转化成公式就是：

所有的 A 是 B。C 是所有的 A 中之一。所以 C 也是 B。

即使我们去除之前的语境——人都会死，第三个观点仍然是正确的。这也就说明这些观点之间存在有效的逻辑关系。只要前两种观点正确，而这两种观点出现的先后顺序是不会改变结论的。同时合理的关键词和论据是确保逻辑推理和结论正确的前提。因此，对哲学研究者来说，只有准确和谨慎的选择你的论据才有可能得出正确的结论。

例如，有以下观点：

杀人行为是罪恶的。堕胎属于杀人行为。那么堕胎就是罪恶的。

这样问题就来了：首先，观点一"杀人行为是罪恶的"这本身是正确的观点。但是在具体情况下杀人行为并不都是罪恶的。观点二涉及的问题是——堕胎是否属于杀人行为。而这个问题取决于"胎儿"何时，或者是否可看作是人类，另外还取决于我们对"杀"字的理解，比如无生命体征的对象能否被杀害。在哲学辩论中合理的逻辑观点和充分的论据二者缺一不可。其次，若想熟练应用哲学理论，你不仅需要考查你的理论依据还要注意使用相应的论据，这样才能起到"提升你的思维能力"的作用。

哲学应从哪里入手

法国哲学家勒内·笛卡尔（René Descartes，同时还是笛卡尔坐标系的发明者）曾经有句名言："我思故我在。"这是他认识哲学的起点。他主张一项命题必须经过反复思考，确认无误后才能提出。

他认为他的存在基于他的思想。依据亚里士多德的逻辑方法，笛卡尔会说：

只有存在的事物才能思考。我能思考。因此我存在。

对大多数人而言，如何解决道德层面的问题才是哲学当中最为紧要的问题，因为道德是一把衡量人性善恶的标尺。而在日常生活中，我们的种种言行也会受到道德的制约。与生活中的其他琐事相比，诸如是否应该将家中的老人送入养老院（在违背老人意愿的情况下），或如何爱护动物等问题才是与我们切实相关的问题。

一般来说，遇到某个哲学论题，你需要从两方面入手：首先，对这个论题持有你自己的观点；其次，寻找支撑你论点的论据。而我们生活的每个领域都离不开哲学。哲学是一种分析和解决问题的方法，它离不开缜密的思考。倘若你掌握了这种方法，你就可以洞察事物表象背后的本质。正像笛卡尔"我思故我在"所表达的观点——人的存在基于人的思想。总之，哲学的魅力和意义就在于它能让你在不断思考的过程中体味到智慧火花源源迸发的快感。

第 2 章

**当一棵树倒落在森林中，
它还存在吗**

我们该从哪儿开始？究竟何为真实？

你我所能理解的东西可能不会被一只猫所理解。如果一棵树在一个四周无人的公园中倒下，那这就只是一棵无声、无形、无名的树。如果有朝一日，我们从这个世界上消失，那么这个世界也不会再有树。同时我们认为有意义的事物也会伴随我们一起消失。不过猫所能理解的东西当然不会因此消失。

威廉姆·福斯特（William Fossett）

我们周围的一切是真实的吗？所谓的真实指的又是什么？我们能肯定这些真实的事物存在吗？存在的就是真实的吗？

关于那棵树

依然是关于那棵树的讨论："一棵树在一片无人的森林中倒落，它会不会带来声响？"17世纪一位名叫约翰·洛克（John Locke）的哲学家对此会说"不"。大多数科学家会认同"声音只有被我们听到才算发出声响"这种观点。当这棵树倒下的同时，它会造成空气震动从而产生声音，这时它周围的人就会听到这种声音。同理，如果你在空气中挥动手臂或者摇动铃铛，同样会造成空气震动。我们挥动手臂所造成的空气震动是非常微弱的，如此情况下出现的声响我们无法听到。但是听觉敏锐的生物是可以听到这种声响的，所以对这类生物来说，这个世界真可谓纷乱嘈杂。

这是个怎样的世界

作为"初来乍到"的哲学研究者，若想在哲学领域有所建树，就必须通过研究证明一些事情，其中就包括证明物质的存在。笛卡尔每次在尝试确立一种观点时，都受到自己著名论断"我思故我在"的影响。他对自己的存在确信无疑，因为他认为他能思考则说明他的存在。但是能思考还不能确定一个人的存在。后来的哲学家认为所有思考行为只能说明思考这种现象正在发生，而并不是笛卡尔认为的——思考能证明人的存在。

即使你能肯定自己的存在，你还能肯定别人的存在吗？也许这整个外部世界就是你所创造的，而身处这个世界之中的除了你周围所有的人还包括了你自己过往的经历（本书旨在引发你对此进行思考），除此之外你无法确定其他事物的真实存在。

DISCOURS
DE LA METHODE
Pour bien conduire sa raison, & chercher
la verité dans les sciences.
PLUS
LA DIOPTRIQVE.
LES METEORES.
ET
LA GEOMETRIE.
Qui sont des essais de cete METHODE.

A LEYDE
De l'Imprimerie de IAN MAIRE.
CIↃ IↃC XXXVII.
Auec Priuilege.

山洞寓言

设想有一群囚犯被禁锢在一个山洞里。洞里的他们能看到洞外的物体投射在洞壁上的影子。对他们来说，眼里的这些影子就是现实存在的。这样他们还会通过理论向你阐述所谓现实存在就是眼见为实（或显得如此真实）的东西。起初如果有一个人逃出山洞并看到洞外的另一个真实的世界，那么这个人一定会对眼前的一切感到困惑。但当成功逃出山洞的人再返回山洞后，他们发现自己会很难向从未离开过山洞的人解释洞壁上的影子根本不是什么现实存在。柏拉图对这个寓言的理解是这样的：他认为哲学家就如同返回山洞的囚犯，哲学家试图向世人解释我们身体感官观察到的事物并不一定就是最真实的现实存在，即便是我们能够亲身经历的事也不能完全地肯定为现实存在。

唯物主义还是唯心主义

简单来说，认为现实独立于观察者而存在的哲学家就叫作唯物主义哲学家，而主张现实就是作用于人的心理活动的哲学家则被称为唯心主义哲学家。无论是唯物主义还是唯心主义都有许多分支。最基本的唯物主义观认为我们所观察到的物质是一种客观存在。大多数人有着这样的普遍共识——现实就是日常生活中能让我们直观感受到的东西。哲学家把上述的认识归为朴素唯物主义。亚里士多德是唯物主义的主要代表人物，他认为世界是真实存在的。他还坚信我们的感官可以带给我们对这个世界最真切的体验。比较而言，亚里士多德的老师柏拉图的观点更加复杂。他认

> ［现实］本身是一个具有争议性的概念，它无比肯定地认为万物就存在于某处。
>
> 维基百科

为这个世界上有两种实在的层次，第一种高级层次属于理念"形式"的范围，而这一形式由某些实在的事物、实体或某种理念构成。比如，什么是"骏马"、什么是"最完美的司法体制"或者什么是"最时尚的发型"，而所有的这些存在都是形式。但令人遗憾的是，对于我们有限的人体感官而言，这样的形式王国我们是无法认知的。相反，我们更适宜存在于第二个层次的现实里，即一种相当低等的物质世界。其实还有许多关于形式的事例或示例，但所有这些事例当中的实体其实并不完美。例如，这个世界上大多数马的马鬃都未必光滑，也未必有风驰电掣的速度；任何国家的司法系统都会出现腐败；另外这个世界上大

> 没有确凿的证据证明外物对象的实在性。
>
> 伊曼努尔·康德

多数人的发型都不是最时尚的。然而只有这些感官形式的存在才是我们普遍能感知的。柏拉图通过"山洞寓言"（详见本书第 12 页）这则故事向我们解释了为什么不能像理解"感官王国"那样去理解"形式王国"。

无物存在……

早期希腊哲学家高尔吉亚（Gongias，前 483—前 375）曾态度坚决地否定存在的观点。他曾提出：

- 无物存在；
- 即使某物存在，我们也无法认识它；
- 即使我们可以认知它，但我们也无法与人交流它。

这就是"唯我论"的观点，即只接受思想家肯定的物质存在（存在和现实在哲学领域是两个不同的概念）。

德国哲学家伊曼努尔·康德（1724—1804）采用相似的方法向我们说明那些我们能体验到的事物称为"现象"，而这些现象是指能看见、能触摸、能嗅闻以及能理解的事物；而事

物本身被康德称为"实体"，实体不具备时间和空间的特征，所以我们对它一无所知。

二选一之非现实

如果你不相信现实的存在，那么你还可以有其他选择：

"缸中之脑"的假说——你的大脑已经脱离了你的身体，被放进了一个缸里，这个缸里装有可供其存活下去的营养液。而这时大脑的一端又与一台计算机相连，于是这台计算机就向大脑源源不断地传输各种图片和视频信息，而这些被你接收的视觉信息就是你认为的真实存在。

"恶魔论"——你的一切思想和行为都受到一个恶魔的控制，包括你所认为的真实存在。

"庄周梦蝶"——梦时常会带给我们某种真实的感受，但我们又是如何确定我们不是生活在自己的梦境中呢？公元前4世纪的中国古代哲学家庄子一次梦见自己变成了一只蝴蝶，梦中的他备感困惑：不知道究竟是自己做梦梦见自己变成了一只蝴蝶，还是蝴蝶做梦变成了他？

《黑客帝国》般的世界——我们所有人或部分人居住在电脑虚拟的现实世界里。

古董商家为了牟取高额利润，常常会将赝品当真品卖给消费者。究竟是赝品还是真品，普通人难以分辨。但是专家可以看出那些所谓的"真品"只不过是通过现代高科技手段将其"做旧"的结果。

"偶然论"——这是个被创造出不久的世界，也许上周四才被创造出来（这个理论被称作"上周四理论"）。这个世界上的一切，包括你的记忆仿佛在这个世界已被创造出来了很久。这个理论有点像"神创论"的减缩版。"神创论"认为这个世界是经历了几千年明显的地质演化而被创造了出来。

> 　　假说"这个世界诞生于五分钟之前"有其成立的逻辑可能，同时这个世界上人们的记忆也是在五分钟之前才出现的。由于不同时期的历史事件本身不具有内在关联，所以无论是现在正在发生的还是未来将要发生的事情都不会推翻'这个世界诞生于五分钟前'假说。"
>
> 　　　　　　　　　　　　　　　　　　　　　　　　　　　　　　伯特兰·罗素

信则有，不信则无

　　"普遍认同存在论"指的是某些事物、事件或局势之所以能成立并存在是因为它们得到了大多数人的认同。例如，无论在当今社会还是在古代社会，许多人都坚信上帝的存在，因为上帝是一种普遍认同的存在。如果人们不再相信上帝，那么普遍认同存在的对象也随机发生了变化。两千年前，人们对"地心说"都信以为真，而今随着科技的进步，这种伪科学的学说早已被大多数人推翻，也只有少数的疯子或愚昧无知的人还会接受"地心说"。

以上帝为鉴

　　担任基督教主教的英裔爱尔兰人——乔治·贝克莱（George Berkeley，1685—1753），经常被人误解为是回答"一棵树倒了会不会发出声音"的最佳人选。对于这个问题，他或许会说，不仅不存在声音，而且也不会有树。但是只有在特定的条件下才能否定树的存在。

　　贝克莱及之后的威廉姆·福斯特作为经验主义学说的代表人物，认为人类的经验都来源

在月球表面驶过的月球车不会发出声音，这是由于月球上没有传播声音的空气。声音就是振动的物体、空气和声音接收者三者相互作用的结果。

于感官，也就是说——感知。无论是事物内部或外部情况还是事态的发展状况，这些之所以能存在是因为我们对其有感知，反之则不存在。他曾说过："存在即被感知。"但贝克莱认为所有这些感知都要构建在某些事物之上。正如他所说，当我们睁开双眼，眼前出现的并不只是我们想要看到的东西。上帝创造了不同种类的感知。当上帝还在注视着一棵没人在注视的树时，那么这棵树对下一个观察它的人来说它还会待在原地。这就如同一场巧妙的把戏，需要众多的上帝，因为上帝代表着存在。

我并不否认我们所能认知的某个单一个体的存在，也许这种认知来源于我们的感觉或者反射。同样我也毫不怀疑我能亲眼看到和用手摸到的物体的存在。我们唯一否定的存在是有些哲学家称为物质或物质实体的东西。我敢说，对物质或物质实体的否定不会给上述这些哲学家以外的人类带来一点损害。

乔治·贝克莱《人类知识原理》（*A Treatise Concerning the Principles of Human Knowledge*）

事物是怎样的

我们对能肯定其存在的事物的了解基于我们的身体——感觉器官和大脑（详见本书第3章"对这个世界你知道些什么"）。又一次，我们回到了关于感觉的这个话题。比如，我们对某物质地（坚硬或柔软）、状态（潮湿或干燥）的描述或判断都来自于我们的感觉经历。

假如你同时触摸到毛皮和钢铁这两种物质，你会发现毛皮是柔软温暖的，钢铁是坚硬冰冷的。但究其本质而言，这两种物质的真正差别有多大？它们的差别仅仅是我们感觉上的差别吗？

如果将毛皮和钢铁保存在同一个房间中一段时间，且它们具有相同的温度。而毛皮之所以触感温暖是因为它本身属于绝热材料，钢铁触感冰冷是因为它是热的良导体，当手指触碰到它以后，它会自然地吸走我们身体的热量。另外，毛皮触感柔软是因为它内部大量微小、分离的纤维组织在空气中不断运动的结果。我们可以把看似坚硬、块状的钢铁变成如毛皮般柔软的形态，比如铁粉。不同物质其内部原子、分子排列方式的差异，必然会导致其物理属性的差异。

约翰·洛克将物体的属性分为主要属性和次要属性两类。他认为物体固有的属性就属于主要属性，包括物体所占空间的大小、形状还有物

大象是一种身高足有两米的大型陆上哺乳动物。但是在动物观察者眼里，它则是一种通体成灰色，吼声震耳欲聋却无比可爱的动物。

体是否能移动，等等。而次要属性就是能带给人们感性认识的属性，包括颜色、重量和移动时发出的声音。德国哲学家马丁·海德格尔认为人们对世界的理解与自身息息相关。他用"此在"（Dasein）这个词（即字面理解为的"存在"）来描述人的存在状态，并用我们在这个世界中所处的环境来定义我们的存在。他还强调个体的意识是无法脱离周围的环境而独立存在的。

量子存在

　　量子物理学中最著名的（或许是唯一具有代表性的）理想实验就是"薛定谔的猫"了。薛定谔的猫就是两百年来森林中的树，也许其中的一只猫正在观察树会不会倒下。"薛定谔的猫"这个实验是埃尔温·薛定谔（Erwin Schrödinger）于1935年提出的。他建议把一只猫封闭在一个盒子里（见下图）。这个盒子里面放有一瓶毒药、一些放射性物质，还有一个放射性物质探测器。如果探测器发现放射性物质发生衰变，那么药瓶中的毒气就会自动释放出来，猫随之就会被毒死。如果放射性物质没有发生衰变，那猫自然不会死（尽管和一些陌生的物体一同封闭起来，这或许会让猫恼怒）。

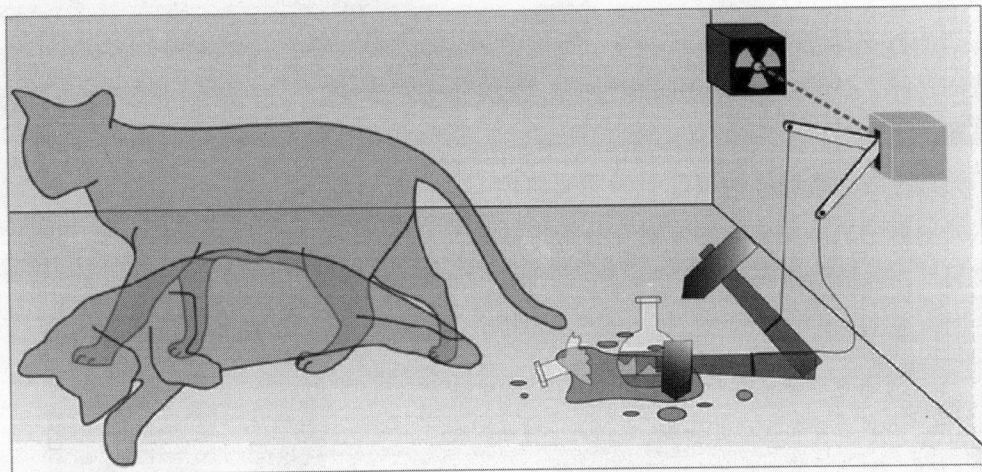

这只猫是死是活只有把盒子打开才能确定。根据量子理论，这只猫的生死也只有等到盒子打开后才能确定。通过观察，猫既可能活着也可能会死，其概率各 50%。薛定谔构想这个实验的目的在于说明量子力学在某些方面是如此地荒谬。从原子的世界到我们生活的世界，为何说这猫的生命状态只能等到它最终死了才能确定？而不是说得知了这只猫的生命状态就能确定它是生还是死？

月球就在那里吗?

据说当年爱因斯坦问过量子物理学家尼尔斯·玻尔（Niels Bohr）这样一个问题。他问月球是不是只有当你看到它的那一刻你才能肯定它的存在。据说玻尔当时反问爱因斯坦能否验证自己的观点。

这其实是一个关于亚原子粒子纠缠的量子状态问题，对此我们不必深究。这个问题连同树的问题，讲的都是作为一个观察者对我们所认识的现实存在会带来怎样的影响。

无中生有

"若不付出，何来回报。"李尔王（King Lear）对科迪莉亚（Cordelia）说。看来一切事物都会经历从无到有的这个过程——无论是上帝的由来还是宇宙的起源都产生于虚无。

形而上学当中讨论的一个关键问题就是为什么这个世界产生于"有"而不是"无"（如果确实有"无"的存在）。事实上，"有"就意味着"无"，而"无"产生于"有"。对于虚无的界定必须以"有"为条件。

世界上虚无现象之多，远远超出了我们的想象。每一个原子 99.999999999999% 的体积是空的。如果每一个原子 99.999999999999% 的体积不是空的，那么物体所占据的空间会是现在的 10^{14} 倍。这样将会带来一个难以想象的后果：直径大约 140 万千米的太阳如果被压缩成直径只有 150 分之一毫米，即 14 微米，那么这将成为一个密度是原来 100 万倍的黑洞。换句话说，物质中虚无所占的体积是实体体积的 100 000 000 000 000 倍。而在空间中虚无所占的体积更大。正是由于空间和粒子间虚无的存在才组成了我们现在的这个世界。

中世纪阿拉伯数学传到欧洲后，才有了"零"即"无"这个概念。在此之前的欧洲还没有一个表示"无"的数量概念。

有胜于无？

我们通常会以"先行者"或"发动者"这样的词汇来说明宇宙的存在，而宇宙诞生的过程就是一个万物从无到有形成的过程。还有许多如神话和宗教等超自然的解释认为万物起源于宇宙。物理学认为宇宙起源于大爆炸。对于这两个例子而言，"谁出现在前"是一个没有意义的问题，就像是问"北极的北面是什么"一样没有意义。

第 3 章

对这个世界你知道些什么

你是如何认知事物的？你对所认知的
哪些事物是肯定的？

知识在过去一定历史时期内饱受非议。根据犹太教和基督教的传说，偷食知识之树的果实后将会导致人类社会的衰落。中世纪还有这样一个传说，著名的学者浮士德（Faust）为学习通灵术甘愿把自己的灵魂出卖给魔鬼。然而暂且不论上述两个传说中的知识之果和魔鬼，现实当中我们大部分人究竟是怎样获取知识的呢？

空白的画布

尽管新生儿起初对这个世界一无所知，但其接受新知识的速度快得惊人。亚里士多德最

早提出这样一个观点——婴儿生来心灵空澈得如同一块白板，而随着其人生阅历的丰富，最终他将在这块白板上构筑起自己庞大的知识体系。这个观点提出后大约过了1300年，一位名叫伊本·西拿（Ibn Sina）也叫阿维森纳（Avicenna）的波斯哲学家用"白板"来形容新生儿的心灵状态，即："刚出生时人的大脑就像一块白板，后天的学习教育将激发人的各种潜能。"

> 如果我们关注和了解新生儿的生理特征，不难发现新生儿生来一无所知。但他们大脑经过不断地生长发育，各种思想便会随之注入其中。
>
> 约翰·洛克

婴儿经历了蹒跚学步才会直立行走，经历了咿呀学语才会与人沟通。神经学家让我们明白了这样一个事实——新生儿大脑的神经元和神经元连接经过一段时间的发育后才可能学习一些技能。但这是不是意味着婴儿是在一个完全懵懂无知的状态下才开始学习那些技能的呢？

柏拉图与通晓万物的灵魂

柏拉图并不认为婴儿是在一个完全懵懂无知的状态下才开始学习技能的。相反，他认为婴儿出生前就具有了灵魂。当他们还处在胚胎期时，灵魂就将"先天性"的知识渗透到他们体内。灵魂深处的认知来自于人的思想和肉体。根据柏拉图的观点，我们学习知识其实就是一个挖掘自己天赋的过程。柏拉图的这个观点就是——天赋论。灵魂仿佛是被禁锢在了一个水蒸气弥漫的玻璃房内，只有擦去玻璃上的水汽，才能看清曾经一目了然的外部世界。然而即便如此，你恐怕也看不透事物的本质。而对于婴儿来说，虽然在他或她的灵魂深处潜藏着无穷的知识财富，但是缺少了正确的方法去引导和激励，那么这些财富终将失去它的价值。

柏拉图为了证明自己的观点，他借助苏格拉底"发掘奴隶身上知识财富"的事例。奴隶乍看上去对几何公式一窍不通，而通过问奴隶一些问题，苏格拉底最后可以让奴隶列出公式。苏格拉底认为奴隶对几何问题也是有天赋的，只是他们中间需要得到别人的指导。虽然此事例的真实性有待考证，但是苏格拉底的问题可以指引奴隶通过推理最终得到正确的

结论。

　　后来的天赋论者经常认为上帝在造物之初就给人的灵魂装备了一套基础知识。这套基础知识包括的内容有：以勒内·笛卡尔为代表的上帝存在论；数学领域中诸如 1+1=2 等数学常识（戈特弗里德·莱布尼茨，Cottfried Leibniz）；哲学领域中以伊曼努尔·康德为代表的关于是非对错的道德真理。如果道德知识也属于先天的知识，那么任何时期或任何地域的人对道德的判断标准都是一成不变的（详见本书第 16 章"我们当初应该烧死女巫吗"）。有些时候，人们可能没留意到自身的天赋，但这并不意味着人不具有天赋，只是他们的某些天赋还未被唤醒而已。其实，只要自己稍加努力天赋随时就会出现。

理性主义者与经验主义者

　　无论是先天固有的知识还是后天重新积累的知识都主要来源于两个方面：其一，运用推理方法；其二，我们的感官判断。认同柏拉图和笛卡尔观点的人就是理性主义者，即认为知识是通过推理而获得的；而认同亚里士多德和洛克观点的人被称为经验主义者，即认为知识来源于感官。经验主义者同时也是"白板论"的拥护者，他们认为婴儿学习的过程就是感知世界的过程。理性主义者承认某种形式的先天知识具有其内在价值，或者某些先天的知识结构至少对后天知识体系的形成具

> 灵魂就是一个关押在自己身体当中的囚犯。这个囚犯不去主动地探究现实，而是被动地窥视铁窗外的世界。
>
> 柏拉图

有帮助作用。

　　苏格兰哲学家大卫·休谟（David Hume）是一个彻底的经验主义者，他对自己亲力亲为之外的事情的存在都持反对态度。他否认上帝、事物因果关系的存在，排斥经推理推导的所有知识和理论，最终甚至还否定了自身的存在。他所能肯定的就是自己感知事物的能力，从不会认同那些非真实存在的看法。他的自我总结就是"感知事物是我毕生的使命"。

我们一无所知

　　怀疑主义学派作为一大哲学流派形成于公元前3世纪。此学派主张人们对一切事物都应保持怀疑的态度。比如，在他们看来，由我们并不全面的感官感知的外部世界是不可信的。这是因为我们自己也不能肯定我们所观察到的是事物的整体还是局部，或者我们看待事物的视角本身就是扭曲的。又比如说，假如我们被大树所环绕，我们并不清楚自己是身处于一片广阔的森林还是一小片树林；同样，我们眼前的水流可能来自于江河也可能出自于大海。

　　怀疑主义学派认为只要我们遵循他们的做事方法，就能以从容而释然的人生态度过上轻松的生活。无论事情的结果如何，如果我们都能欣然面对，即达到"不以物喜，不以己悲"的境界后，那么纵使命途多舛，我们也能泰然处之。换句话说，无知便是福。

眼见为实吗

　　如果你不是色盲，你或许可以判断出东西的颜色。比方说你有一件红色套头毛衣。这件东西之所以是红色是因为"它能反射（或发出）红色光线——电磁辐射的波长大约是 650 纳米"。虽然每个人都认为这件毛衣是红色的，但是这样的话，我们就无法分辨我和你看到的是否是同一样东西。也就是说，我们对"红色"的感知存在差异，但我们自己却不知道。

红移

　　我们的感官有时可能会曲解现实真相。也就是说，眼见未必为实，究竟在哪些情况下我们的眼睛会欺骗我们呢？下面通过一个物理学现象，便可以从中找到答案。当一个运动中的物体离观测者越来越远，这个物体发出的光的波长就会越来越长，其光线向光谱的红端移动。这就是多普勒效应。这个效应同样适用于声学现象。一辆从远处急速驶来的汽车，它发出的声音会由低沉变成尖锐。随着宇宙的膨胀，红移会使远离我们的恒星看上去更红，也就是说，我们看到的光比它实际发出的光更红。

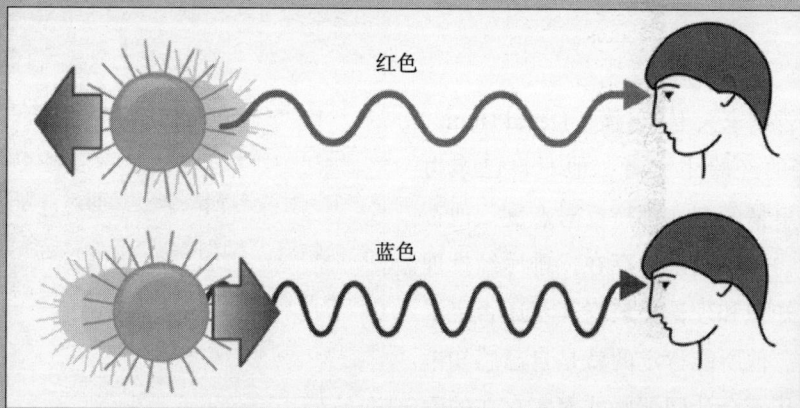

红色

蓝色

　　如果一颗恒星相对于我们静止，那它发出的就是白光。如果这颗恒星开始远离我们，那它发出的就是红光。如果这颗恒星开始靠近我们，那它发出的就是蓝光。恒星的实际颜色取决于它所发出光线的波长，或者说是取决于能被我们眼睛所接收的光线的波长。

　　伊曼努尔·康德坚持认为我们只能通过我们的感官感知这个世界，但我们无法理解我们对事物的印象会给事物本身带来何种影响（如果这种影响存在的话）。他还指出如果我们倾尽一生都通过变形镜来观察事物，那么我们也许永远都不会知道自己所看到的东西其实并不真实。有趣的是，如果戴眼镜的人将他们所看到的图像颠倒过来，一段时日后，他们的大脑将会适应这种失真现象，那时他们依然会认为他们观看角度是正确的，似乎不再需要佩戴眼镜。我们会看我们主观愿意看到的东西——我们并不知道这会给现实带来怎样的影响，这句话或许还有其他意义。

坚守信仰

　　知识还可能来源于天赐的灵感或宗教信仰。古罗马天主教思想家圣奥古斯丁（St

Augustine）认为在上帝的恩典下他具有非凡的理解力。他一直将《圣经》上的一句话作为自己的人生信条："你若要理解某物，你首先要相信它的存在"（出自《以赛亚》第 26 章第 3 节）。当然，宗教书籍上的知识无法得到事实论证。同样，没有宗教信仰的人也不会认同宗教法典上的教义或主张。

先天论：获取知识的本能

伊曼努尔·康德提出婴儿是以一种先天的方式认知事物的，而这种方式并不依靠在形式王国朦胧记忆下的有限性知识。他的解释基于其一套相当复杂并涵盖所有认知对象的理论分支，但可喜的是——近期关于先天论的学术分析认为我们有接受新知识的良好根基，此外，这些分析浅显易懂、形象具体。

对心理学颇为关注的现代哲学家，如诺姆·乔姆斯基（Noam Chomsky）和杰瑞·福多（Jerry Fodor），他们认为：从某些方面来说，人的大脑结构适于接受或构建各种知识。

但这并不是说婴儿生来就有洞察万物的本领，而是说婴儿生来就具备认知事物的能力。打个比方，你有一个经过格式化的硬盘，这个硬盘具备储存数据的能力，现在你只需要往上装载资料即可。

乔姆斯基指出语言结构中存在潜在的相似点，而这些相似点合理地支持了他的观点——大脑具有先天的语言功能，而其他学科的知识只能通过后天的学习才可获得。但是对于自幼

与人类社会脱离的儿童，他们是不具备与人进行语言交流、直立行走、吃熟食或穿衣这些行为能力或习惯的。乔姆斯基觉得不同的道德体系或许也存在着相似之处，这是因为不同的文化却有着相似的道德观（也许正是由于这种"普世的"道德观才能使得人类社会正常运转）。

他还怀疑人类大脑的物理性结构缺陷甚至会限制人类的认知能力。可能也正是因为我们大脑的先天性结构缺陷，所以才导致无力解答某些问题。这就和我们肉眼看不到红外线、耳朵听不到超低频率的声音是一样的道理。所以，他认为我们人类自身的生理性不足使得我们无法解决某些哲学难题。

遗传与环境

白板论与天赋论争论的核心就是究竟是遗传因素（比如先天或遗传性特征）还是环境因素（比如成长环境或家庭环境）影响我们的心理发展。这样的争论可以延伸出许多社会性话题。比如同性恋倾向是先天形成的还是后天形成的？再比如，有些人生来就具有犯罪倾向吗？还是后天在家庭教育、学校教育或社会引导三方面中的某一环节出了问题所导致的结果？

白板论的信奉者会说：是环境造就了我们。而相信天赋论的人认为在很大程度上，我们将来会成为怎样的人是在出生前就确定的。如果过分强调遗传因素对我们心理发展的影响，那么这样会引发一些可怕的政治灾难，比如，种族改良学。所谓种族改良学就是指通过人工繁殖的方法，对人类基因库进行甄选——保留优等生物基因的同时再消除掉劣质的生物基因。而这一计划能成功实施的关键就在于能否为智慧的下一代寻找到携带优良基因的父母。

第 4 章

我们为什么要给事物分类

我们如何对世间万物分类？我们怎么知道我们的
分类结果是基于现实的？

佳发蛋糕状饼干底部松软，中间夹着果味浓郁的橙子味果酱，外层包裹着厚厚的巧克力。这样做出来的产品到底算是蛋糕还是饼干呢？在1991年，佳发的制造商——麦维他（McVities）与英国皇家海关及税务部门就这一问题产生了分歧。涂有巧克力的饼干需要征收增值税，但是蛋糕则不用，所以是否包裹巧克力就成了一个问题。

分类的方法

对不同事物分门别类是人类一大强烈的意愿。我们会对所有东西进行分类，就像饼干和蛋糕。但是我们的分类能体现出事物的实质性差别吗？还是仅仅为了人为地给事物创造出一些种类？

早在2300多年前，亚里士多德就尝试形式分类法。他认为自己创造的这种分类法可以真正地将事物进行区分，也正是由于这种分类法的创造使亚里士多德成为了唯实论者。（认为分类是在强制对事物进行分门别类的人就是概念主义者。）亚里士多德列举了十大范畴用来辨别事物（或者可能是话语——因为并不清楚他所讲的是对事物的一种描述还是对一些事物的指代）。这十大范畴就是：（1）**实体**（如人或马）；（2）**数量**；（3）**性质**（如白色）；（4）**关系**（如一半，双倍）；（5）**地点**；（6）**时间**；（7）**姿态**（如坐着）；（8）**状态**（如戴着一顶帽子）；（9）**活动**；（10）**遭受**（如被砍伤）。然而实际运用要比单纯地列举概念复杂得多。事物之间重要的差别就是一件东西不可能被另一件东西完全代替。比如，数量不可能

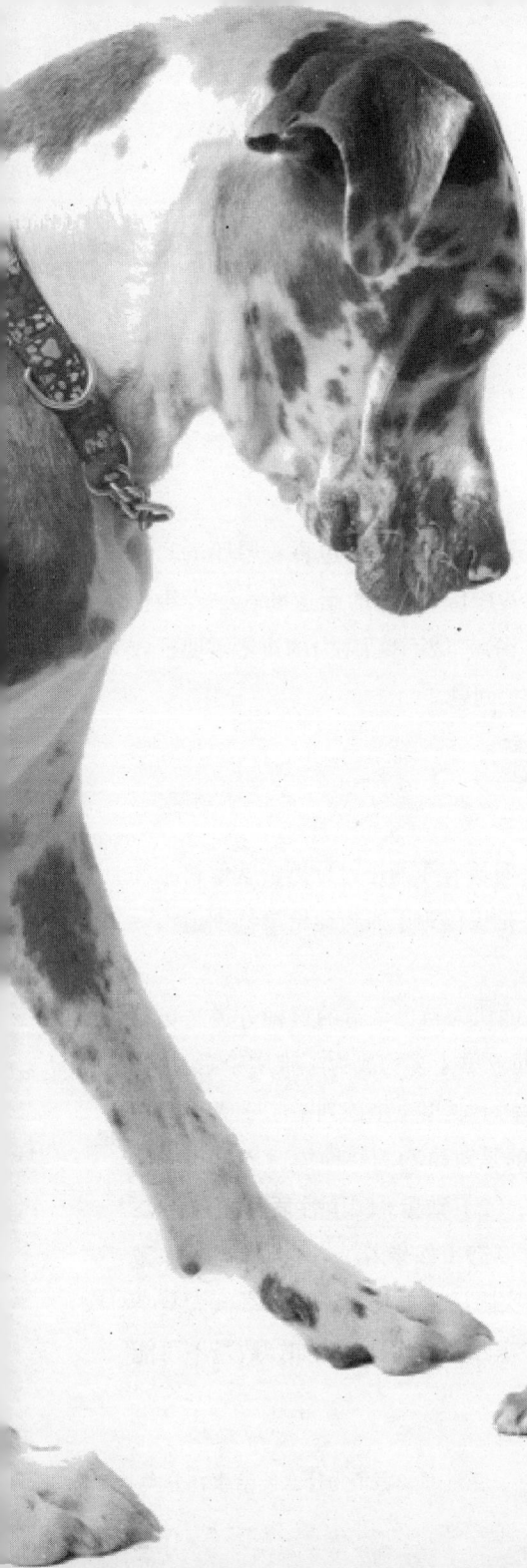

用来表示事物的本质或空间位置。

　　亚里士多德并没有创造出"包罗万象"的最佳范畴学。所谓分类其实就是找出事物与事物之间的差异，就逻辑上而言，如果存在无所不包的最佳范畴学，那么就没有什么不被它所包含。范畴学还下设了许多分支。我们可以通过一套分类系统对事物进行由下至上或由上至下的分类汇总。比如，我们对狗这种动物进行分类，若由上至下我们可以细分为具体的品种，如斑点狗；而由下至上我们可以把狗统统看作是陆上哺乳动物。分类这项活动需要对事物进行大量的调查研究，并查找出不同事物之间的共性与个性。

关于佳发"蛋糕"命名的案例

对于到底将其定义为蛋糕还是饼干，法庭遵照以下的几点来做出判断：

- 虽然名称中包含"蛋糕"这个词，但可想而知这并未起多大作用。
- 佳发蛋糕内含鸡蛋、面粉和糖，口感松软、外形蓬松，具有蛋糕的特点。由鸡蛋、牛奶、面粉调配的面糊如蛋糕中使用的面糊一样稀薄，而制作饼干所用的面糊比较黏稠。
- 蛋糕柔软柔韧，饼干酥脆易折断；而佳发蛋糕不易折断，并有海绵蛋糕的质地。
- 若放置时间过长，佳发蛋糕外部会风干成饼干，而饼干则会受潮变软。
- 佳发蛋糕外形小巧如饼干，还不具备蛋糕那样的大小。
- 佳发蛋糕的销售包装更像饼干而不像蛋糕。
- 佳发蛋糕通常会和饼干一起组合销售而不是和蛋糕一起销售。
- 佳发蛋糕拿在手上即能食用，而传统的蛋糕还需借助刀叉才能食用。
- 佳发蛋糕的蓬松部分是该产品重要的组成部分。

是的，英国纳税人就是这样缴纳所得税的……顺便提一下，这就是蛋糕。而法院最终的判定结果是：佳发蛋糕具有多项蛋糕的属性，所以可将其归类为蛋糕，也就是说政府不会对其征收增值税了。

必然性——事物发展所需的充分必要条件

为了对事物进行精准的分类和限定，在传统或古典的方法下，我们就需要找出事物的属性，且只有当这些属性满足一定的充分必要条件后才能将它们归为一类。古典分类法包含足够多的类别以对各种不同属性的事物进行分类。当然这些类别一定彼此独立、互相排斥。这样的话，鸟和鱼肯定不会在同一类别，摩托车和汽车也不会归为一类。

物种归类法——不同类型的动物都会繁育下一代，这一点很合理。这一点也是动物本身所具有的内在特征而不是科学家研究的结果。

动物还是植物

18 世纪的瑞典博物学家卡尔·林奈（Carl Linnaeus）是世界上首位对生物进行大规模系统分类的人。他通过观察生物体的可见性特征并为其建立联系，最终完善了一个系统化的生物分类体系，生物种类由大至小分为五个等级：界、纲、目、属、种。1735 年他发表了首部著作——《自然系统》（Systema Naturae），这部著作的首版只有 12 页内容。截至 1768 年，此书的第 12 版由林奈重新整理完成，全书内容共有 2400 页之多。

时至今日，系统发生学另辟蹊径，我们通过对生物体 DNA 的分析建立进化枝——而分类结果取决于这些生物体在进化过程中是否共享一种或多种已知的上一代生物体的特征。系统发生学研究的目的就是——说明一切生物是如何从其他生物体进化的，最终为整个自然世界确立一株庞大进化树。然而这套研究方法实际操作起来阻力重重。通常来说，不止一种的生物分类法都取决于你所关注的生物特性。

概念模糊的老虎

　　生于 1940 年的美国哲学家索尔·克里普克（Saul Kripke）和生于 1926 年的希拉里·普特南（Hilary Putnam）两人曾尝试通过物种内在的属性特征为不同生物分类。这种分类法与约翰·洛克的主要属性分类法不谋而合（详见本书第 2 章相关内容）。当我们去定义一只老虎，我们可能会说它皮毛成条纹状，且长了四只脚。尽管这些都是老虎的一般属性，但还不构成其必要属性。因为老虎也有可能会患白化病，或者少一只脚。若想准确地给老虎下定义，我们可以说老虎一定具有属于自己的 DNA，有着老虎 DNA 的动物就是老虎。没有老虎 DNA 的物种一定不是老虎，所以 DNA 就是它的必要属性。但是具有了老虎的 DNA 还不足以认定为这就是老虎，因为老虎身体上任何一个部分，比如一条断腿或身上的一点绒毛（不管是条纹状还是白化体的），都携带有老虎的 DNA，但这并不能被称作老虎。

　　也许我们可以这样定义老虎——一只拥有老虎 DNA，完整且有生命体征的生物体。这样听上去还比较合理。但是我们懂得越多，事情反而会更加复杂。如果是一只怀孕的、即将生产的老虎怎么办？又该如何定义？这就是一体多胎的现象，也许是三胎或者是四胎。人类体内微生物细胞的数量实际大于人体细胞的数量。据推测，这种情况在老虎身上也会发生。这样的话，含有微生物细胞的老虎实际就不止是"一只"老虎，然而我们还不能把老虎描述为一群携带有老虎 DNA 的微生物。我们已经可以从不同角度对物种进行分类。

鲜花和野花并不存在生物学的差异。你可以说"鲜花"是一种惹人怜爱的植物。但是草地上的雏菊属于鲜花还是野花？是不是在"恶劣的环境"中生长的植物都被称为野花？

不确定性

物种之间其实没有明确的界限。奥卡姆的威廉（William of Ockham）是一名英国修道士，卒于 1347 年。他认为所有的类别，甚至于像"人类""树"这些标签都只是构建于现实之上的组织体系，其存在的意义就是为了帮助我们探索这个世界。身为奥地利哲学家及物理学家的恩斯特·马赫（Enst Mach，1838—1916）认为即使是我们发现的自然法则或物理学定律也只是我们大脑的产物，这些法则只是帮助我们建立世界秩序的一种手段。它们并不"真实"，且只有在特定条件下才能发挥最大效用。

生命之树的科学解释

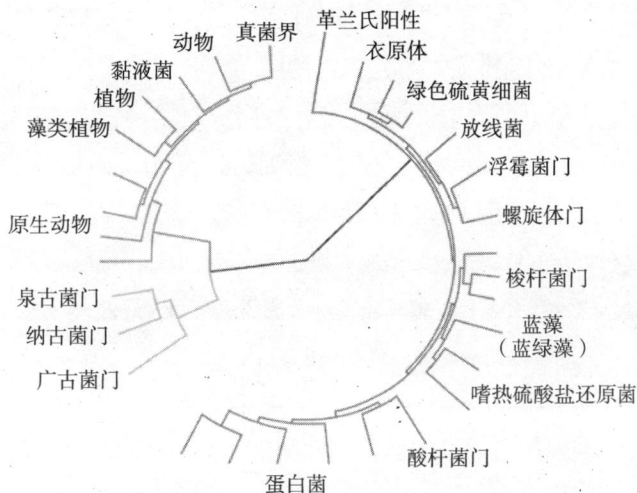

做何选择

系统发生学是一种为生物分类的方法，同时这种方法对生物学家来说非常实用。但是与通过生物的颜色、尺寸以及凶猛程度这些分类方法比较，系统发生学法是不是更能达到本质的效果呢？科学家或许会说物种间有着内在的亲缘关系，通过进化，一种动物确实可以进化成另一种形态，而我们所要做的就是发现这种内在关系，而非创造。艺术家可能会在给乌龟分类的同时也会给猫分类，因为在他们看来乌龟和猫也有相似之处。在认识动物的过程中，艺术家的这种分类思路或许还能给我们一些启示。比如，乌龟和猫这两种动物可能是因为同一种原因才进化成今天这种形态的（例如是出于自我保护和伪装的目的）。或是为了更加美观的外形而进化。现如今人人都信奉科学，然而与其他分类法相比，科学的方法也未必是更加客观、或更真实的方法。

山鲸

　　如果分类法在服务我们的同时又带来了某些困扰，这时我们该做何选择呢？我们所要做的就是——改变规则。大概 1500 年前佛教伦理观传入了物产富饶的日本，随着佛教的传入，法律开始禁止人们捕食长有四只脚的动物。但那些视四脚动物为山珍海味的人们不会选择"坐以待毙"，为了挽留美味，他们对两种动物的分类做出了调整。调整之后，野猪变成了山鲸，野兔变成了鸟。他们这样调整的依据是：野猪肉的味道与鲸鱼相似，而野兔的耳朵可看成是鸟的翅膀——都可以扇动。这种巧立名目、掩耳盗铃的做法倒是有两大好处：一方面可以让食客们的良心得到安慰，另一方面可以蒙骗虔诚的佛教僧侣。

THE 15-MINUTE PHILOSOPHER

第 5 章

吃蛋糕时，选择喝茶还是咖啡

你是选择做你要成为的那种人？还是做一个听天由命的人？

你觉得你可以自由选择你想要做的事吗？还是说一切都是命中注定？比如说到这个问题——有了住发蛋糕，你是选择喝茶还是咖啡？也许你还可以有第三种选择……

自由意志和宿命论

认为一切都是命中注定的或预先决定的这种观点就属于宿命论。这样的想法可以来自于宗教信仰、精神寄托或者某种科学解释。相反的观点就是自由意志，即我们有充分的自由去选择自己想要做的事。因为不知道将来会发生些什么，即使有些事是命中注定的，但我们似乎还是可以抱着自由意志的信仰去应对将要发生的事情。事实上，像自由意志这样看似虚无缥缈、类似幻觉的东西还是有

> 经验让我们清楚地明白，人们之所以认为自己是自由的，仅仅是因为人们意识到自己的活动是自由的；但并没有意识到这些活动背后起决定作用的原因是什么。
>
> 巴鲁赫·斯宾诺莎（Baruch Spinoza）

其重要的存在价值的。假如没有了自由意志，当"人类社会即将终结，我们对此无力改变"这样残酷的科学现实摆在我们眼前时，我们很可能会万念俱灰，自己的生命从此也会变得黯淡无光。

在古希腊和古罗马，人们通常会求助传神谕者为他们预测未来或指引人生方向。由此可

你不会知道礼品盒里面装有什么，除非你打开这份礼物——里面的东西也不会因为你打开它而改变，因为在你打开盒子之前它就存在于此了。人们的未来是不是也遵循这样的规律？

见，他们相信未来是被预先制定好且无法更改的。即便有些事发生的概率很大，但他们还是会尽力尝试种种方法来阻止这些事情的发生。如果他们不相信传神谕者，自然也不会倾其所有去供奉神灵为其指点迷津。我们在自己身边不难发现这样的例子，比如说有个人身边的朋友患有先天性心脏病，这样在朋友的影响下，这个人就会不知不觉采取健康的生活方式以将自己发生疾病的概率降到最低。

另一方面，谈及抗拒或逃脱命运束缚的例子，我们不得不提古希腊悲剧的典范——《俄狄浦斯王》(Oedipus)。这个故事主要讲的是主人公俄狄浦斯无法挣脱自己杀父娶母的命运，反映了在命运面前人类无力改变自己的命运，如同蠕虫一般懦弱的本质。如果你无法改变命运，即便你能预知未来又能怎样？俄狄浦斯并没有向命运低头，而是选择奋起反抗，但还是以失败告终，成为一个悲剧式的英雄人物。我们同情俄狄浦斯悲惨的命运，同时也钦佩他为了挣脱命运的束缚所做出的各种努力。尽管阻力重重甚至一切已成定局，但他仍然不惧艰险，不断向命运发起挑战的精神和魄力是值得我们赞扬和歌颂的。

他可以改变命运吗？如果一切命中注定，那么他所做的挣扎和抗争也只是徒劳。假设我们现在坐在一列沿着既定方向行进的火车上，而在我们前方有一处可供人休憩的房子，这列火车不可能偏离轨道行驶，但它可以选择加速或减速，同样也可以选择载物或载人。

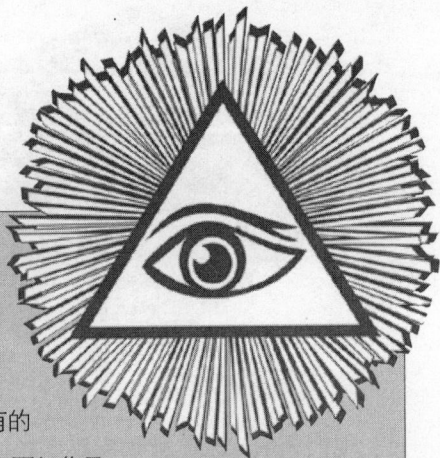

看见还是预见

　　诸如基督教之类的有神论的宗教，其信仰核心是无所不知的神灵。如果这个神灵有预见未来的本领，是不是意味着我们不能随心所欲地按自己的意愿行事？因为我们所有的行为或举动都是被提前确定设定好的？举例而言，如果上帝预知你马上要吃一块佳发蛋糕，你能阻止此事的发生吗？答案是肯定的，你可以做到。因为即使上帝知道将要发生什么，但他却不可能主宰此事的发生。同样，如果你不打算吃这块佳发蛋糕，那么上帝也是可以预见到的。古罗马哲学家波伊提乌（Boethius，约480—524 或 525 年）很好地解释了预言与预见的区别。首先上帝的存在不受时间的约束，他能看到任何时间点发生的事情。他能看到某事的发生，但并不会主动引发某事的发生，就像日出的道理一样。上帝也能看到所有必然会发生的事情或偶然会发生的事情。日出是一种遵循物理学定律的必然现象，不带有任何偶然性。一个决意继续前行的人，你能看到的是他或她正在行走的状态，因为他们具有做出这种自由选择的能力。然而有的神灵不仅仅具有预见能力。伊斯兰教的信奉者——穆斯林认为世上发生的一切都是真主安拉的旨意。也就是说，你或许不需要整日恪守那些健康养生的生存之道，因为如果真主安拉想让你长命百岁你自然可以安然地活到那一天。同样，如果你到了寿终的年龄，无论你的自我保护意识多强（比如出门带上安全帽，乘车系安全带），那都无济于事。在这种情况下，你的命运是注定的。

自由意志是罪恶的吗

在宗教的背景下，有些人可以得到拯救，而还有些人是受到诅咒甚至会下地狱的，自由意志是一个至关重要的问题。毕竟，如果你的命运已成定局，那下面所讲的教规教义又有何用？遵守与否都不会对你有所影响的。

加尔文教派作为基督教的一大分支，它植根于约翰·加尔文（John Calvin，1509—1564）的教义，并在基督教新教的三大原始宗派中占有一席之地。加尔文教派规定一个人是否能得到拯救是由上帝预先安排的。这就是"选择论"。每个人生来罪恶，只有得到上帝恩典的人才有机会得到救赎。上帝早已做出了他的选择，凡经上帝拣选的人将永世成为他的选民，而对于我们自己的命运，我们是无法改变的。能否成为上帝的"选民"完全是由上帝决定的，与我们个人的行为或思想毫无关联。对于上帝是否会依据人们的行为规范来决定自己的"选民"，这一点还不明确。伊斯兰教教义中也存在同样的问题：根据伊斯兰教教义，只有归向真主安拉的人才会得到指引。对于安拉选择谁归向他的这个问题可具体参考《古兰经》。根据《古兰经》第六章第 125 节记载，"对于虔诚的（伊斯兰教）教徒，安拉会向其敞开胸怀并耐心指引；而选择自甘堕落的人，安拉会将其拒之于千里之外。"

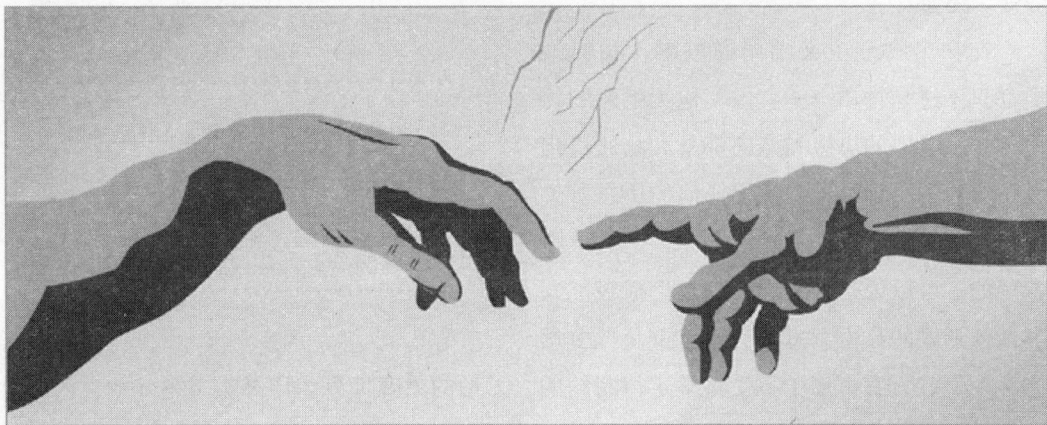

根据加尔文教教义,我们不难发现——凡经上帝拣选的人,他们仿佛都获得了上帝颁发的"终身选民徽章"。如此一来,这些人似乎也享有了一张可供其一生醉生梦死的"免死金牌"。然而事实并非如此。能被上帝拣选的加尔文教徒,其日常的一举一动都会受到上帝密切关注。在上帝面前,他的选民需要有一颗虔诚之心。而对于有罪的人,圣灵则会帮助这些人学习互相协作、笃信神明以及忏悔,以求最终得到耶稣的宽恕。纵情酒色和滥赌的人不可能成为上帝的选民,所以加尔文教教义的宗旨就是让教徒保持一个正确的人生方向,以免一失足成千古恨。但是还有一个奇怪的现象——加尔文教徒之所以循规蹈矩于这些教规教义只是为了证明"上帝拯救他们"的决定是正确的。

物理学与自由意志

现代物理学的观点是——宇宙中,一切物体的运动都遵循着物理学定律,而这些定律(也许)不会随时代的改变而改变。也就是说小到亚原子层面的物体所受到的作用力与反作用力的大小都是可以预测的,这种物理学现象也是必然存在的。但事实上,限于目前人类的认知水平和分析计算能力,大多数时候我们对某些自然现象是无法作出预测的。然而自然界的各种现象(或自然灾害)不会因为人类有限的预测能力而消失。回顾历史,自宇宙大爆炸以来出现的所有自然现象都是必然的。如果时间退回到 138 亿年以前,同样的事情(宇宙大爆炸)还会发生。

在一个物理主义学派的世界,我们人类都只不过是物质——就像其他无生命的物质一样,我们的思想和意向都是大脑通过化学反应后的一种结果。我们任何的所思所想及计划都一定会遵守物理学定律,这是毋庸置疑的。可以说这种物理学决定论掠夺了人类任何形式的自由意志。倘若想重获自由意志,我们就只有诉诸于不受科学定律制约的、无形的灵魂世界(详见本书第 6 章 "人的身体中有灵魂存在吗")。

> 所有的物理学事件都是由先前事件的总和引起或决定的。
>
> 丹尼尔·丹尼特(Daniel Dennett)

自由与混沌

混沌理论研究的是对初始条件极端敏感的动态系统。因而初期的任何一种微小变动都会给后期带来巨大的影响。在有些情况下，即使结果符合物理学定律且和之前的理论预测相吻合，但这些准确的预测所需的条件和其中的计算过程会过于复杂。天气（预测）就是混沌系统研究的一种典型对象。比如，当你将各种影响天气变化的变量考虑进去，以对天气进行长期而精确的预测，这是一件理论上可行、实践中不可行的事情。这种现象有时被描述为——一只蝴蝶扇动一下翅膀会引发千里之外的风暴。

鉴于混沌理论所受初始条件变化的影响，所以在任何一点上的预测结果都是随机的。无论这只蝴蝶是否会扇动翅膀，其带来的结果都是无法完全预测的。另一方面，由于所有未来事件的变化都取决于每一次不经意的选择，而自由意志其实就是做出准确预测的坚实防线。一种方法就是假设多元宇宙的存在，这种多元的宇宙认识肯定了所有可能性选择的存在或所

蝴蝶扇动翅膀造成千里之外天气变化的现象已经被用来解释混沌理论。其目的是说明任何微小的存在和变化都会给一套复杂的系统带来难以想象的影响。

根据平行宇宙的观点来看，要是恐龙没有灭绝我们现在的生活会是怎样的呢？

那只非常重要的蝴蝶

《一声惊雷》（*A Sound of Thunder*）是由雷·布莱伯利（Ray Bradbury）在 1952 年创作的科幻小说。这部小说讲述的是一个美国的时间旅行者在恐龙世界中无意间踩死了一只蝴蝶，于是当他返回现代文明世界后，他发现英语的拼写规则发生了改变，近期总统的选举结果也完全发生了改变。可见那只蝴蝶的死亡改变了不可预料的历史进程。

有本该发生事件的概率，如其中的一种宇宙会在无穷远点改变方向。又比如，你是选择喝茶还是咖啡，睡懒觉或者挑选礼物这样的问题。

你的大脑正在处理什么信息

2008 年在德国的马克斯·普朗克研究所进行了一项神经学实验，这项实验为我们了解自由意志这个课题提供了新的、不同寻常的视角。实验对象在选择使用左手还是右手按动某个按钮时，研究员通过核磁共振扫描仪对实验对象的脑部活动情况进行了全程观测。通过观察，神经科学家发现他们可以提前 7 秒判断出实验对象的选择。这些神经科学家认为这项实验结果说明了这样一个问题——我们对选择的感知是潜意识当中出现的副产物。换言之，我们并不具有自由意志，而我们所认为的自由意志只是大脑带给我们的一种假象。其实这项实验的结果与 350 年前斯宾诺莎的看法如出一辙。斯宾诺莎当时曾说："人们之所以认为自己是自由的，仅仅是因为人们意识到自己的活动是自由的；却没有意识到这些活动背后起决定作用的原因是什么。"

其他限制性因素

如果我们认定自己有充分的行为自由，如此一来，我们的命运也不会受到某位神灵安排或物理学定律的左右，但是即使这样，我们还是会受到一些限制性因素的影响。

其实，在很多方面我们都没有自由选择权。比如，一个获刑入狱的人，他或她所能做的选择是有限的；截瘫患者的行动自由会受限制；贫困潦倒之人的购物自由会受限制。再比如，一个人在年轻时没有得到贵人相助，使其空有一番才华却无法施展；或者某人由于家境或其他因素无法接受教育；某人年幼时经常受到同龄人欺压，使其心智发展受到限制；在某高压政权之下的国民受到洗脑后，其思想观念受到限制，等等。这些例子不胜枚举。那么在什么情况下我们会说这种限制性因素会让人失去自由意志呢？

如果某人注定会去做某事，无论这件事起因于大脑的化学反应还是神的旨意，这样我们就有足够的理由让这类人去为自己的行为负责吗？进一步来说，如果某人在自身意识不清醒的状态下，受错觉影响做了某些违背道德甚至触犯法律的事情，那么我们是否可以接受对这类人的处罚呢？

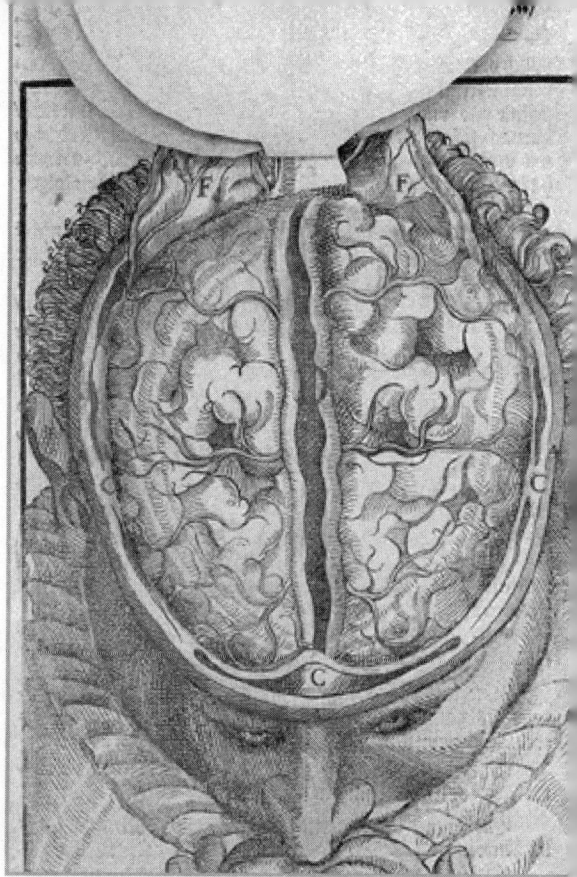

回旋的余地

当然，我们是无法接受"我们生活中并不存在自由意志"这样的事实。但是为了社会的正常运转，我们还是要有"我们行为是自由的"这样的信念。依据法律，人们有一定的人身自由权，但同时人们需要为自己的行为负责。在这里，法律的执行者不会去考虑哲学层面的问题，诸如从形而上学的角度分析一个人是否有选择的自由。以历史为证，在一个公正、公平的奖罚机制下，人们会以更加积极的人生态度面对生活。但是当然也存在另一种可能——人们在命运的安排下或许会有这样的行为……

有些哲学家已尝试进行交涉，其交涉核心就是对自由意志和决定论分别做出多大空间的让步。在丹尼特看来，如果我们屈服于决定论，那我们终将成为宿命论的牺牲品并陷入绝望的无底深渊。在自由意志和决定论之间产生了一种中性理论叫作相容论。这种理论旨在为我们最大限度地争取自由意志。具体而言，人们有充分的行动自由，但其行动的动机是受限制的。比如，假如你是一个慷慨的人，你有选择向任何一家慈善机构捐款的自由，但是你没有选择不捐的权利。就像亚瑟·叔本华（Arthur Schopenhauer）所说，"人可以做他意愿下的事情，但他没有选择意愿的权利。"（1839）其他哲学家认为叔本华的这种观点是虚幻的。而在伊曼努尔·康德看来这是一种"恶劣的诡计"，同时威廉·詹姆斯（William James）则会把它看作是"逃避问题的借口"。

充分的自由

20 世纪存在主义哲学家的观点与之截然相反，他们认为人们应具有的自由和责任要比他们本身想得到的更多。用当代法国存在主义哲学家让·保罗·萨特（Jean-Paul Sartre）的话来说就是——"我们是被判定为自由的"。

根据萨特的观点，我们的性格是受我们行为约束的，而不是说我们的行为听从我们性格的安排。我们每个人都可以从头再来。萨特认为我们每个人的选择是不同的，但是我们所做的选择是自由的，即使是出于被迫。我们不要说"我已别无选择"这样的话，因为凡事总会有选择，即使其中之一的选择令我

> 人的命运掌握在自己手中。
>
> 让·保罗·萨特

们无法接受，比如，我们宁愿去死也不愿让自己被持枪歹徒威胁。凡事都不要去责怪上帝（上帝其实并不存在，虽然我们会一厢情愿地选择信仰他），或许我们也不应责怪自己的某种性格倾向，因为这些也是源于我们之前所做出的决定。另外，逃避责任是一种自欺欺人的行为。

第 6 章

人的身体中有灵魂存在吗

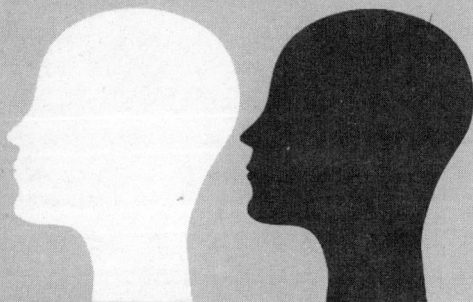

你身体的哪一部分才是真实的"你"？

真实的你又是怎样的？

我寄居于我身体当中的这种存在方式并不仅仅是水手居住在船的那种存在方式，事实上，我与我的身体紧密相连，可以这样说，我与它相互融合在一起就是一个整体。

笛卡尔《第一哲学沉思录》

纵观世界各国文化，都有这样一个共识——人就是一种由某种灵魂栖息于身体当中的生物。有的人提出灵魂是具有特别的宗教意义的，即认为灵魂就是神性的象征或者代表某种宇宙意识。还有些人认为灵魂更像是思想或意识，并不带有超自然的成分。这种灵魂可能是永恒的，或者也许会随着肉体的死亡而消亡，抑或变成萦绕在夜空中的幽灵。上述构想也许都是错的，这个世界上就没有具体的灵魂。

分界线

柏拉图认为肉体当中的灵魂是被暂时地放

"灵魂如同禁锢于肉体当中的囚犯"这种认识已通过常见的图案表达出来。在这个拜占庭镶嵌图案中，笼中之鸟就是灵魂的化身。

逐出了形式王国，受困于肉体中的灵魂其潜能是无法得以施展的。从宗教的观点来看，灵魂常常被看作是肉体当中的囚犯，而这个囚犯自身又处于一种矛盾的心理状态——一方面它期盼着神灵或上帝的救赎，另一方面它又出于对肉身的贪恋不忍从中离开。较之肉体，灵魂那略显高贵的特性使得二者之间的冲突再次升温，这就是肉体与灵魂的关系。

有些宗教观点提倡"只有外在的痛苦或生活的困苦才能成就一个坚强的肉体，同时也只有如此才能使灵魂得以教化和拯救。"

在启蒙运动时期，各种新思维、新思想在不同知识领域不断涌现，勒内·笛卡尔受此影响提出了"身体就是一部受灵魂掌控、结构复杂的生物型机器"的这一观点。他的这种观点后来被称为"隐藏于机器中的灵魂"。首先这个观点看上去确实很直观易懂：我们知道我们身体的一部分系统负责处理我们的思维、梦境、希望以及经验等方面的工作；而负责我们呼吸或运动（像跑上楼梯）的是另一套独立的系统。这样我们的身体就分为物质和意识（也叫精神）两个部分，这种哲学观点就是二元论。但是这种直觉性的观点自身存在诸多问题。

思想与身体

人的身体和其思想或灵魂密不可分。当我们沮丧时，身体会做出流泪或改变呼吸频率这些反应；当我们受伤时，强烈的痛感会让我们心神不宁。我们将身体活动分为意识型和无意识型两类。比如说，心脏跳动向全身输送血液就属于无意识活动，而拥抱孩童就是意识型活动。虽然我们明白是大脑和神经系统的部分组织参与了输血或拥抱这些活动，但是我们还不能确认究竟是大脑哪个部分让我们完成拥抱这个动作的。

笛卡尔认为是他发现了人的灵魂——松果腺。松果腺是一种位于大脑深处的微型组织。事实上，他并不是最早发现松果腺的人。早在中国古代，人们就知道了松果腺的

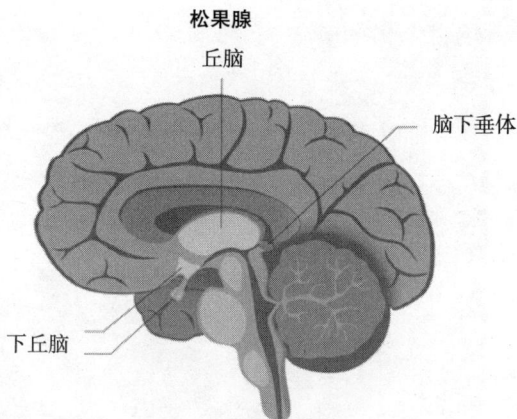

松果腺

丘脑

脑下垂体

下丘脑

存在，那时称其为"天眼"，而印度教将其比作"梵天的窗户"。另外，笛卡尔依旧无法解释非物质的灵魂到底是如何影响身体或外部世界的。因此，笛卡尔二元论的缺陷就在于不清楚非物质实体如何对身体产生影响或被物质实体所影响。

无灵魂之说

那些看似合乎情理或被大多数人所认同的事物未必真实（详见本书第 25 章"你会'无事生非'吗"），所以身体和灵魂之间或许也不存在真正的界限。20 世纪法国哲学家莫里斯•梅洛•庞蒂（Maurice Merleau-Ponty）反对笛卡尔的肉体、灵魂分离的二元论学说。他将人体视为一个整体，提出"我为我之身"这样的观点。伯特兰•罗素（Bertrand Russell）否定了精神或灵魂的存在并指出人的思想本身就囊括了各种精神活动，比如回忆、思考和经历。英国哲学家吉尔伯特•赖尔（Gilbert Ryle，1900—1976）认为我们对身体和灵魂界限的感知只会在下列情况下出现，即我们是否能通过语言对物质对象或精神对象进行分离式描述。

美国哲学家丹尼尔•丹尼特（Daniel Dennett）认为与身体比较，思想并无特别之处。他认为像性格、思想活动、个性还有意识等方面都是神经病学研究的对象，同时也属于有关身心的生物化学范畴。如果说大脑与身体无特别差异，那么也就是承认人类与其他低等动物无

明显差异。但后来丹尼特将他的观点进一步完善为"一切生物都没有特别之处"。因为现在计算机似乎都成为一种智能工具，不过在丹尼特看来，计算机完全就是智能的代名词。因而，依照他的观点，像计算机这种机器中存在着一个灵魂，当然事实上它并不是什么灵魂，只是一种人造的智能工具而已。

意识相对于大脑就像潮湿相对于水

美国哲学家约翰·塞尔（John Searle）将意识形容为"突现特质"，就是由足够多的神经元聚集后形成的一种物质。突现特质这种物质只有达到相当的数量后才会被检测到。潮湿就是水的突现特质，一个单一的水分子无法体现潮湿的特性，但大量水分子汇聚成一个整体后它的突现特质就能表现出来了。同理可证，一个单独的神经元无法构成意识，但是一组神经元就能产生出意识。塞尔还认为意识完全是物质的产物，是通过大脑的神经化学作用产生的，所以它也不会带有一点"其他的"神秘色彩。

从何开始

无论我们是站在神经学角度还是宗教的角度来看待负责人类意识和思考的灵魂，我们总会遇到两个无法回避的问题：灵魂从哪里来？它又是从何时开始对我们产生影响的？许多宗教学说都是通过神话故事来解释的，比如他们会说灵魂在我们出生的瞬间就进入到了我们的身体，或者是在我们出生前的某个时刻灵魂就进入我们的身体了。

对人类而言，在其个体发展的过程中，究竟是在何时其意识水平达到了我们所能认知的高度？现今这个问题比当初看上去更加紧迫，因为理论上的答案就是让我们清楚如何处理有关产前的各种问题，包括产前检测、医疗程序以及无法回避的堕胎问题。

当人类受精卵形成三周后，胚胎中的大脑和脊髓神经就开始发育。也正是在这个时候，如果把意识看作脑神经活动的突现特质，那么这个还未出生的婴儿就开始产生了意识活动。对于怀孕22周出生并且成活的婴儿，那么也许这个时刻就是人的意识开展的最晚时期。

我们所要认识的不仅仅针对人类个体的意识发展问题，对于人类之外的物种而言，在它们进化的历史长河中，其灵魂或意识又是在何时出现的呢？此外，又需要多少神经元才能触发意识的形成？我们所能想象得到的是，意识的发展是一个日积月累的过程。也许其他某些哺乳动物能够感受到快乐，甚至还会因期待而激动和兴奋；但是会有多少人认为像

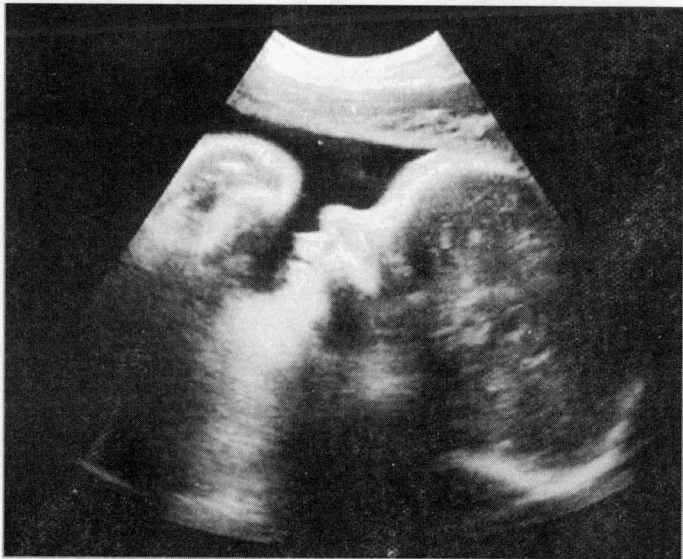

黑斑羚或短吻鳄这类动物会整日思索一些像"邪恶的本质""是否有来生""微分学的演算"等深层次问题呢？（当然我们还没有找到它们不具备这种能力的证据，但请继续阅读本书第13章"狗有灵魂吗"的相关内容，那时你或许就能找到你想要的答案。）

倘若灵魂尚存，你就可以得救

通常在许多国家，伴随意识而来的是权利和责任。在医疗领域，如果能够证明一个患者的大脑还存在意识，那么我们就有足够的理由将他或她通过人工手段抢救过来。在司法审判领域，在梦游状态下犯罪的罪犯可以不用为其行为负责。

灵魂有时也会开小差。在过去，"发疯"会被认为是精神错乱，或着魔所致。而对宗教信仰的疯狂则要另当别论。在当前的法律体系下，对于在精神疾病作用下，使人失去判断能力的罪犯，一般可以酌情减轻其法律责任。

第 7 章

你认为自己是怎样的一个人

你是因你的基因还是你的工作而与众不同？有没有一种使你与众不同的固有特征？

"你不是我想要嫁的男人或你不是我想要娶的女人"已成为标准的离婚开场白。"他根本不是以前的他了，"这句话通常用来形容饱受疾病困扰或懦弱无能的那种中年男人。我们还是曾经的我们吗？"曾经的我们"又是什么样的？"曾经"指的又是哪个时候？我们所指代的"我"又是什么？

骨骼和船

人的身体是由不同类型的细胞组成的。你或许希望自己拥有一种金刚不坏之身——身体细胞能够无限期地为你"服役"，但那只是一种美好的希望，现实总是很残酷。因为人体的细胞寿命一般不超过80~100年，而在这期间，你身体细胞会反复经历老细胞的死亡和新细胞的再生这样的循环过程，而有的细胞的更换频率会很高。事实上，每一秒都会有数百万的细胞离你而去。你的肠道内壁细胞无时无刻不在接受着严峻的考验，比如，对于整日处在酸性环境下，充塞着各种半消化状食物的肠道，其单个内壁细胞的寿命最多不超过四天；而有的细胞寿命会非常长。酸性环境之外的肠外壁细胞的寿命最多可达到16年；也有少数细胞的生命是一次性的，这些细胞一旦死亡将永久地逝去。比如，脑部大部分区域的神经元细胞就是属于一种不可再生的细胞，因而当你与人在酒桌推杯换盏、开怀畅饮之后，你脑部大量的神经元细胞就会"随之阵亡"。但还有一种特殊情况就是——虽然处在母体中的你或刚刚出世的你还完全不可能具有喝酒的行为，但你的生母在怀孕期间的酗酒行为也会严重危害你的身体健康。

公元 1 世纪的希腊历史学家兼作家的普鲁塔克（Plutarch）提出了一种叫作"特修斯之船"（Theseus's ship）的同一性悖论。此项悖论假定有一艘陈旧的木船，它的部分零件年久失修，现在需要用新的、型号相同的零件替换掉。具体要做的就是用新的桅杆替换原来断裂的桅杆，用新帆弥合或替换撕裂的老帆等这些工作，直到这艘船之前所有的老零件全部被新零件替换掉为止。那么现在的这艘船还是之前的那艘船吗？又比如，假如有人用第一艘船的备用零件制造出了第二艘船，然而这第二艘船除了外形与第一艘船相同之外，它的功能和技术参数都不及第一艘船。那么我们必然不会认为这第二艘船与第一艘船相同或者能够并存。这个世界上没有两件完全相同的物体。然而从某种程度上来看，"将某物体的全部零件逐步用新零件替换之后，替换后的物体是否还是以前的物体呢？"——这是一个耐人寻味的命题。如果被整修的木船已经不再是之前的木船，那么到底是从哪个时刻开始发生了这样的转变呢？

思想和时间

我们通常不会把自己看作是一组身体细胞组织的简单集合。我们中的大多数人其实会用一些其他的方法来认识我们的身份特性。比如用某种概念模糊，可能会涉及意识甚至是灵魂的方法（详见本书第 6 章 "人的身体中有灵魂存在吗"），而这种方法所突显的东西就叫自我。

英国哲学家约翰·洛克（1632—1704）认为身份特性就是人的思维或对自己的意识在时间上保持的连续性。他认为新生儿的大脑如同一块白板，成长之中积累的人生阅历和经验，会将当初空空如也的白板写满无穷的知识，从而变成我们与众不同的身份特性（详见本书第 3 章的相关内容）。

约翰·洛克的这种观点具有一定的道理，正如我们所设想的——具有生命体征的物体都可以看作是一种"自我"的存在。

假如我们遭遇了一场可怕的车祸，失去了四肢，只有大脑（或思想）得以幸存，即使这样我们还是具有"自我"的。但是18世纪的苏格兰哲学家托马斯·里德（Thomas Reid，1710—1796）觉得洛克的解释过于简单。在托马斯·里德看来，如果我们的身份特性植根于过去的经验或人生阅历，那要是我们由于某种原因忘记了过去的一切（比如失忆）又会怎么样？他提出了一个著名论证——"勇敢的军官"。该论证的主要内容是："假设有这样一位勇

"婴儿的大脑如同一块白板，后期的教育和身份特性将使原先的白板变得丰富多彩"这种观点的形成可追溯至亚里士多德时代。

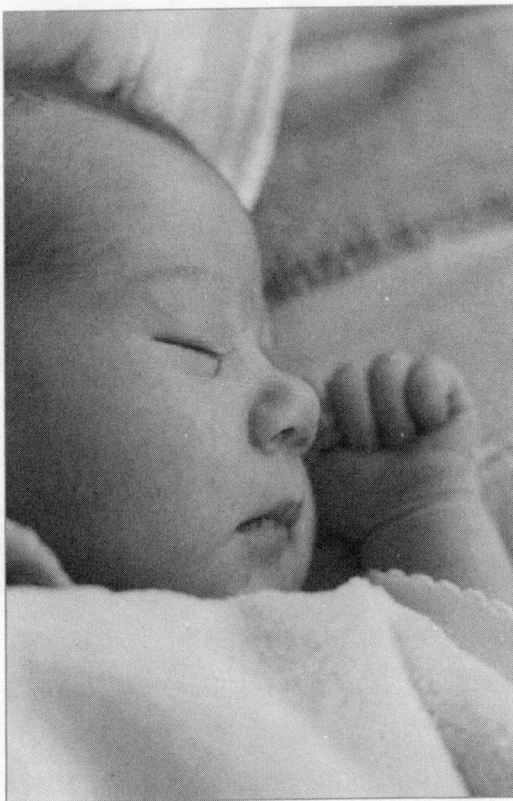

变或是不变

在普鲁塔克的"特修斯之船"提出之前，古希腊哲学家芝诺（Zeno）曾提出过芝诺悖论，即认为一切事物都是静止不变的。他论述了一个关于离弦之箭的故事。假设在每一个单位时间内，一支离弦之箭都占据了一个特定的空间位置，即在每个单位时间里，这支箭都处于静止的状态；又因为流动的时间都是由无数个单位时间组成的，但是箭在每个单位时间又是静止的，所以他认为这支箭不会运动（由此推论一切事物都是静止不变的）。德国科学哲学家汉斯·赖兴巴赫（Hans Reichenbach）提出，芝诺悖论的存在前提是将空间的无限可分性对应于无限分割下的单位时间，但如果我们按照爱因斯坦广义相对论承认"单一时空存在连续性"的话，那么芝诺悖论是不成立的。

敢的军官，这位军官还是小男孩的时候因为抢劫果园，在学校受到鞭打处罚；长大参军后，在他人生的第一次战役中抢夺了敌方的军旗，并且在晚年被封为将军；同样，承认以上假设的可能性都是存在的，那么当他抢夺敌方军旗时，他会意识到幼年在学校被鞭打的经历，同样当他成为将军时，他会意识到他曾经抢夺过军旗，但他却完全忘记了在学校被鞭打的经历。"

根据洛克的观点，将军和勇敢的军官一定是同一个人，并且勇敢的军官和小男孩也是同一个人，根据意识的连贯性，小男孩和军官是同一个人，同理，军官和将军也是同一个人。但是因为将军和小男孩之间没有心理上的连续性，那么他们并不是同一个人。里德的这番论证是想证明洛克的观点存在内在的矛盾，因为这位将军是那个在学校被鞭打的男孩，同时又不是那个在学校被鞭打的男孩。

20世纪的存在主义哲学家认为"自我"还属于一种"在制品"，对它的认识需要我们不断地修订和完善。承认意识的连续性与心理学中"个性是受过去经历的影响（包括我们失去的记忆）"的观点有相似之处。但是与心理学家的认识也有分歧，存在主义哲学家认为任何人不会因过去的精神创伤所困，同时也反对决定论的观点，如"我们之所以能成为我们，归因于我们的基因结构或家庭教育"这样的看法就遭到了他们的反对。萨特坚持认为大多数人的错误在于把错误的观点当成真理去信奉。萨特的看法是——我们并非是依照自己的个性行事，而是日积月累的种种行为潜移默化地促成了我们的性格。如果你行为自私，那么你就是一个自私的人。但是如果你能改变自己的这种行为方式，那么明天你看上去或许就不那么自私了。不需要考虑意识的连续性，性格的形成本身是一个积累的过程，你的性格会扎根于你一系列的行为表现之中，也正是这种隐藏于行为表现下的"性格"使你成为了今天的你。

去除自我

许多哲学家指出我们有必要找出除了人的身体之外还存在于其他位置的身份特性。但是苏格兰哲学家大卫·休谟认为"自我"就是一捆对事物的感知力，除此以外，它什么都不是，没有统一性，甚至也没有任何存在形式。所以在他看来，"自我"所传递的概念就如同小说那样不真实。这里用"捆"

图中这个呼啦圈的重心就是空气中旋转的呼啦圈的中心。丹尼尔·丹尼特觉得谈论"自我"就像是在谈论这个呼啦圈的重心——给人一种虚幻无形的感觉。

（bundle）这个词，它指代的可以是单一的事物，也可以是集合的事物。这样看来我们似乎就无法对人类这个话题展开深入讨论，同样我们也无法从我们的语言中去除"自我"这个词语。对休谟而言，"自我"就是一种"各种经历的共同体"，其形成过程与"特修斯之船"的形成过程极为相似，只不过它是由各种非物质化的"零散经历"组合而成。美国哲学家丹尼尔·丹尼特认同休谟的这种观点——身体和身体带来的感知力都是我们所具有的。在丹尼尔·丹尼特看来，"自我"存在于大脑的神经链接，它为我们讨论自我带来了一种便利。

一些东方的哲学思想认为"自我"是一种产生于身体的错误感知，这种错误的感知掩盖了这样的现实，即我们属于一个巨大整体中的一部分。根据东方哲学的传统，"自我"其实是一种让我们感受到灵魂超脱的幻觉，因而我们还是最好尽快将这种幻觉去除掉。

第 8 章

为什么会发生不幸

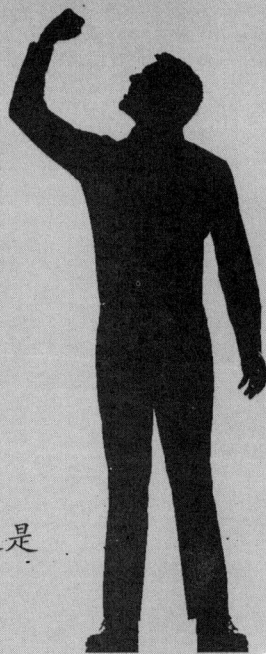

为什么世界上祸事会接二连三地发生？这是
一个深不可测的世界，还是一个冷漠的世界？

每天新闻都会报道许多不幸的事件。在我们自己的生活中，也往往会遭遇各种不幸，有时甚至还会经历一些非常可怕的事情。当这种巨大的不幸降临在我们头上之后，我们会条件反射般地发问"为什么会是我？"或是"为什么会有这种事发生？"而这样的发问还仅仅只是代表着"暴风雨到来前的宁静"。当我们再次发问"为什么总会有这种事发生？"的时候说明"暴风雨"真的来了。而当好事来临时，却鲜有人会探究它发生的原因。

在哲学界，"为什么会发生不幸"属于"罪恶问题"的范畴。"罪恶问题"是否定神的存在最具说服力的论证之一。此论点的奠基人是公元前 3 世纪的古希腊哲学家伊壁鸠鲁（Epicurus）。伊壁鸠鲁曾经发问："如果上帝愿意阻止邪恶，但却阻止不了，那么上帝就是无能的。如果他有能力阻止，但却没有这样做，那么上帝就是邪恶的。如果他有能力也愿意去做，那么这个世界上为什么还会有邪恶存在呢？"

当为何遇到为何不

从广义上说，对于"为什么会发生不幸"这个问题一般会有两种可能的答案：

- 宏伟的目标；
- 没有理由。

第一种答案成立需要有"物"或"人"作为发生的背景。这还不是原始条件，但我们暂且先将其称为目标明确的事物，比如上帝——一种主宰万物的至高存在。

第二种可能比较难以实现。假如你的生活风平浪静，或你擅长以闭上双眼的做法去应对发生在这个世界上的一切恐怖事件，那么你可能不受坏事的影响。但是如果以上两种假设都不存在的话，那么你有可能会毫无招架之力地坠入恐惧的漩涡。

宏伟的目标

许多宗教思想的核心理念是肯定神的存在，这个能够主宰世间万物命运的神有着宏伟的计划，如果我们对此有一点粗浅认识，那么我们就会明白事事发生的原因。许多宗教提倡人们信奉的神都是善良的，但是罪恶之神是不会给我们带来慰藉或利益的。既然神是善良的，那他为何会要允许坏事发生呢？

如果肯定上帝是仁慈的，关爱普罗大众的，那是不是意味着世间的厄运只是一朵灰暗的乌云，而乌云当中必然隐藏着一丝光明？或者说由于我们缺乏大局观或远见卓识，以至于被事物丑恶的外表所欺骗，最终未能发现丑恶外表之下的美好。抑或上帝是想通过这些种种不幸来考验我们的意志力或是为我们提供一种完成心灵成长的机遇（你也可以把心灵成长看作是乌云当中的一丝光明）。

真理部的版本——坏即是好

在乔治·奥威尔（George Orwell）1949 年出版的讽刺小说《1984》中，虚构了一个独裁国家，这个独裁国家专门设立了一个部门叫作"真理部"。而这个部门的主要工作就是裁决何为真理。"坏即是好"是这个部门一大宣传口号。古罗马哲学家圣奥古斯丁（St Augustine）认为是上帝从魔鬼那里夺来了善良的种子：

既然上帝是圣善的象征，那么他不会允许任何邪恶的事物出现在他的作品中，如果上帝不是万能和善良的，那他也不会去为人间争夺善良的种子。

如果一种哲学论证基于"上帝是不会允许邪恶存在"这种假设的话，并用这种假设作为"因而邪恶不会真的存在"的论据，那么不得不说这种哲学论证是空洞无力的。同样这种论证也会让人感到是言不由衷的。如果我们能站在上帝的角度看待万物，那么就会清楚地发现坏事未必就是坏事，它只是好事的一种表现。不幸的是，我们无法做到从上帝的角度来看待事物，所以现在不得不全然接受这些"坏"事，尽管这样做会很难。

有时，当你的好友得知你遭遇某种不幸时，他或她就会这样善意地安慰你说，"我们不会再承受更多的苦难了，苦难已经到头了。"（然而这种话明显是假的，或许就连说这种话的本人也不会相信。比如说，什么时候苦难才会到头？是不是只有自杀才标志着所有苦难的终结？）有这样的一种看法认为，苦难是某人或某物对我们的一种测试或测验，经历了种种磨难之后我们必将修成正果。

身为英国牧师兼政治理论学家的托马斯·马尔萨斯（Thomas Malthus，1766—1834）认为罪恶的存在就像一种行动的驱动力，也正是这种驱动力激励着我们千方百计地去避免或纠正罪恶的发生。用马尔萨斯的话说就是："存在于世间的罪恶给人带来的并不是绝望，而是刺激你逆水行舟的一种动能。"

上帝对我们漠不关心

当然，世间存在这样一种神灵，他或许终生都致力于一项宏伟的计划，却对芸芸众生的喜怒哀乐毫无兴趣。这项计划也许就是出于实验的目的而创造一个人种，就像生物学家为培育优良品种进行遗传学的实验一样，我们就属于某种科学实验品。所以，实验的目的并不是让人类经受苦难，而这些苦难只能看作是整个实验过程中必然会出现或我们必须要承受的一

个环节。许多人经历的苦难都属于我们集体性的过失，只要我们众志成城就可以避免这种过失，所以通过自身的努力，我们还是有可能降低苦难在实验中的出现概率。

还有一种可能就是，或许神灵也不愿介入凡间的纷纷扰扰，抑或是他不具备干涉凡间事物的能力。起初，世间的运行机制可能是由上帝设置的，世界现在就按这种机制自行运转。由英国物理学家艾萨克·牛顿（Isaac Newton）和其他学者提出的一种观点

> 我们之于神灵就像苍蝇之于顽童，他们杀我们仅仅是为了消遣。
>
> 威廉·莎士比亚，《李尔王》第四场，第一幕

认为，上帝就像一个神圣的钟表匠。如果这个世界按其法则自行运转，那么当下发生的坏事就是之前所发生的其他事件对现在的影响，或者说之所以会有坏事发生是由这种运行机制内在的设计缺陷所致。但是这种设计缺陷并不是上帝别有用心的安排。这种情况就如同在承认"如果世间根本没有神灵或上帝的存在，无法主宰万物的神灵也无法回答万物之间的因果关系"这样一个事实。

有些人还提出了另一种可能。虽然有些人对世间的美好事物已不再抱有幻想，但他们仍坚信神灵或上帝的存在，而这种神灵或上帝要么对人类的遭际漠不关心，要么本身心存恶念想愚弄人类。其实真找不到合理的理由来推翻这种可能，因为善良的神灵和恶毒的神灵出现的概率是一样的，即使设想这种可能性本身就是一件令我们不快的事。

坏事越少越好

1710 年，德国哲学家戈特弗里德·莱布尼茨（Gottfried Leibniz）提出了"乐观主义"的观点。哲学所探讨的乐观主义并不是为了让你看到"半杯水"后，发出"这个杯子里居然还有一半是满的"这样的感慨。哲学范畴的乐观主义其实指的是最优主义——将凡事尽可能做到最好。上帝创

造了一个最优的世界——这个世界与他原来创造出的世界相比后，这个世界是最佳的。虽然上帝已经忙得不可开交，但是他还是乐意为我们创造出一个没有罪恶、没有饥饿、甚至没有携带疟疾的蚊子的世界。在这样的世界，你若把鹰嘴豆泥放置时间过长，也不用去担心它中间会出现气泡。然而由于这样或那样的原因，他无法创造出以上这种理想的世界。所以我们必须学会适应当下的世界，但确信无疑的是再没有哪个世界会像我们现在的这个世界这样美好了。

上述观点也许会和你所料想的答案不谋而合，但这种观点在伏尔泰（Voltaire）中篇小说《憨第德》（Candide）中遭到辛辣的讥讽。当你处于人生的衰败期时，如果一点点麻烦或无关痛痒的挫折能替代或扭转这种颓势，你又何乐而不为呢？但是遭遇大屠杀或黑死病时，你还会选择更大的不幸来做以替代吗？

适应这个尽善尽美的世界

在伏尔泰《憨第德》这部小说里，年轻的憨第德（Candide）从师于邦葛罗斯（Pangloss）并对导师"世间万物都是尽善尽美"这样的人生哲学顶礼膜拜。憨第德的人生其实是悲惨而不幸的，但每当灾难降临之时，他总会以导师教授的人生信条来开导自己，并抱有这样的想法——与苦难抗争是徒劳的。如果一个人一直执着于"事情还会更糟"这样的悲观情绪，那么这个人的情感会逐渐变得淡漠、麻木，最终很有可能会攀升至"不以物喜，不以己悲"的境界。而在这部小说里，最后，憨第德始终是一个在落魄人生中饱受摧残的年轻人。我们从伏尔泰的这部小说可以得到启示——信奉错误的哲学思想将可能断送你一生的幸福。而伏尔泰写这部小说就是为了讽刺莱布尼茨的神正论。

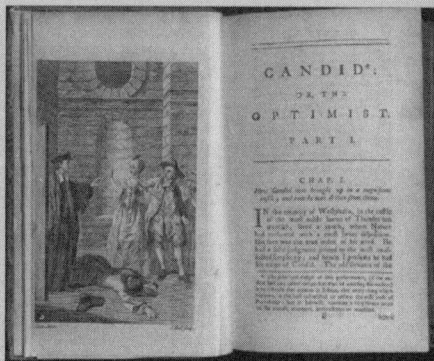

都是你的错

　　一些东方宗教思想认为我们都是会轮回转世的，期间我们的灵魂需要付出艰辛的努力以求达到般若的精神境界（详见本书第 13 章"狗有灵魂吗"）。今生发生在你身上的不幸都是你前世行为带来的恶果。这样看起来似乎并不公平，因为你也记不清前世的你是怎样的你，另外你今生受到的惩罚与你今生的罪行无关，换句话说，根本无法验证你当下所处的境遇是否与你过去的所作所为有关（或者更确切地说，是否与你过去灵魂所依附的身体的所为有关，这里的"你"不是通常指代的那个含义）。所以这种宗教观点缺乏透明度和检查机制。

没有理由

古希腊哲学家德谟克里特斯（Democritus）在公元前 4 世纪和 5 世纪提出的观点是——世间万物的产生都是原子的行为。量子物理学也同样说过由于世间万物都遵循物理学定律，并且物理学定律不会随时间而改变，所以只要我们掌握预测万物行为的知识，那么我们就一定能得到预测结果。无论坏事还是好事都是必然会发生的（详见本书第 5 章 "吃蛋糕时，选择喝茶还是咖啡"）。但物理学的必然性不能作为我们研究的目的，只能作为种种事件发生的解释。

"如果一切都可避免" 这个假设成立，那么也就不存在主宰万物的神灵，同样你也不必为你前世所犯下的罪行赎罪，这时你只能得到一个令你不安的结论，即万事发生的原因就是它们会发生。这样一来，命运将不被约束，没有至高无上的公正，这个世界不会在意会有什么事情发生在你身上，生活必然是不公平的——这就是这个假设成立后所带来的影响。

THE 15-MINUTE PHILOSOPHER

IDEAS TO SAVE YOUR LIFE

UH OH...

第 9 章

"种什么因，结什么果"
是真的吗

善有善报，是这样吗？

"种什么因，结什么果"，这种想法令人欣慰。如果事实果真如此，那么对你行为卑劣，或曾经轻蔑、伤害过你的那些人有一天终会遭到报应。"因果报应"还有什么深层意义吗?

什么是因果报应

　　种善因，得善果；种恶因，得恶果。听起来很合理。

　　因果报应这种思想起源于印度教和古印度。它的字面意思指的是"行为"或"行动"，但其实是由各种行为及后果形成的一套价值体系。因果报应的一般法则就是——如果我们做善事，我们就能收获好运；相反，如果我们行凶作恶，我们就会遭受惩罚。这就是"因果报应"——一个广为流传的宗教信条。无论你之前播种的是善因还是恶因，只有经过一段时间之后你才能看到结果。基督教也有相似的观点，即"你们只有播撒了种子，才有可能收获果实"(《迦拉太书》第6章第7节)。

　　与印度教对轮回的认识一致，因果报应会影响你的前世和你的今生。有这样的观点认为，如

果你以前积德行善，哪怕你前世是只蜗牛、熊猫、水母或无论是什么，只要你现在还活着，那么你今生就会得到回报——生活美满幸福。这里要讲的"报应"是指纵使今生你与人为善、无私奉献，但还是无法摆脱灾祸连连的霉运，这恐怕就是因为你前世身为人或诸如蜗牛、熊猫、水母等某种动物作恶多端的结果。因果报应还有很多不同版本的解释，包括印度教在内的一些宗教都认为世间有一种神灵，专门按照因果报应的规则来奖赏或惩罚某人或某物，这样一来，世俗的因果关系就逐渐成为了一种教义。

厄运是一种黑色物质，随着我们不断轮回转世，这种物质会在其他维度空间慢慢积聚起来。我们要想顿悟人生就必须先挣脱厄运的束缚。因为得病可以耗尽厄运，于是有的人在生病时宁愿不吃药也觉得是值得的。根据耆那教（起源于古印度，是印度的一个古老宗教）的教义，厄运产生于恶念，即使某种罪恶的想法仅仅处于酝酿阶段，并未付之于行动，但它依然会带给你厄运。

不要无事生非

19世纪德国哲学家弗里德里希·尼采（Friedrich Nietzsche）原本认为——对因果报应的信仰属于一种"奴隶宗教"观，因为这种信仰可以很好地降伏民众。比如，如果他们表现得好，之后就可以得到嘉奖；如果现在他们受到惩罚，那就说明是他们前世的罪孽所致。世界上没有"通过你的努力就一定能过上养尊处优的生活"的这种激励政策，制定每一项激励政策背后的目的都是教化百姓学会服从、依从和遵从。而

我们很难想象其他生物在"为非作歹"之后，其来生会遭到怎样的报应。

虐待甚至是一种天赐之物，因为它有助于削弱因果报应的影响。

其他宗教信仰会认为——人们经历了今生的苦难，在死后会得到回报；而今生沉迷于世俗欢愉之情的人在来生将为此付出惨重的代价。这就类似于一种物物交换的形式，但是对于最终会化身成为什么生物，其结果是无法核实的，并且这与一个人的行为也没有本质的关联。

快速调整心态

普通大众对"种什么因，结什么果"的理解就是：如果我们与人为善，那么别人也会相应地回报我们；如果我们与人为恶，那么我们迟早有一天会为此后悔。因果循环是一个令人感到欣慰的规律，毫无疑问其中自有其真理存在。那些长期虐待别人的人更容易被人冷漠和疏远；反之，那些对我们以礼相待的人，我们也会愿意与其礼尚往来。但有时这还不是一个放之四海而皆准的万能法则。众所周知，像那些脚踩两只船、对自己配偶不忠的人；或那些在职场称王称霸的人不知为什么确实能笑到最后并且还能交到朋友。

无论如何我们还是会执着并坚信于"世间自有公道在"的这种信念。当我们经受苦难之时，"公道"可能正在为那种经历更多不幸的人主持正义；或者说我们后来能过上美满的生活也是"公道"的贡献。因而，在遭受某种不幸时，我们要先去调整自己心态并进行自我安慰。

命运摩天轮

5 世纪古罗马的哲学家波爱修斯（Boethius）通过自己《哲学的慰藉》（*Consolation of Philosophy*）这部作品向读者阐述了"一切事件的发生都具有偶然性"的道

> 友好和光鲜的外表只是命运女妖的一种伪装，或是一种蒙骗世人的手段，其真正的目的是想戏弄世人的命运。在一个人毫无防备之际，她首先会用无尽的忧伤来征服这个人的全部情感世界，之后她会立刻把这个人遗弃至令人痛不欲生的万丈深渊。你曾有过那种阻止命运摩天轮旋转的念头吗？哎！愚蠢的凡人啊，难道你不知道——命运女妖一旦停止旋转，那她和"命运"也将不复存在。
>
> 波爱修斯

理。这部作品是以寓言的形式讲述了一个命运女妖（妖通常会以女性的身份出现）控制人生摩天轮的故事。有时人生就像是乘坐摩天轮，当它到达最高点时，我们的人生仿佛也就到达了顶点（即能享受世间一切美好的时点）；而当它旋转到最低点时，我们的人生又仿佛跌进了谷底。其实没有谁的人生总是一帆风顺或一蹶不振的，潮起潮落才是真实的人生。

波爱修斯在狱中写书度日，书中向读者解释了他是如何借助哲学在痛苦中寻找到慰藉和寻求解脱的。尽管"命运"这个词第一次出现是在公元前2世纪的古罗马，但到中世纪，"命运"这个词已逐渐演化成为形容某物"变化无常"的一种比喻。

在命运女妖那里，你不会找到一套标准的奖罚体系，因为她是一种变化无常的存在，只要她愿意，就可以改变命运之轮的运转速度，而唯一能肯定的某种规律是处在人生顶峰的人随时都会跌到人生的低谷，而处于人生谷底的人随时也会逆势而上。但这种规律也存在以下特殊情况。比如，像那些一生受到好运眷顾的人，他们的人生低谷又在何处？是死亡吗？对这些人而言，唯有死亡才是他们人生最终的不幸。而对于那些一生厄运缠身的人也同样只有"死亡"才能扭转他们的命运，因为死亡不仅能终结他们在世间的种种不幸，当他们死后升入天堂，可能还会受到奖赏。

究竟谁才是命运摩天轮的掌控者

因果报应的观点认为，世间有一种"干涉主义神灵"的存在，干涉主义神灵掌控着惩罚或恩惠凡人的权力。但是要没有了这种神灵，因果机

哲学家眼中的命运女妖是疯狂、盲目和愚蠢的。他们给我们的告诫是：命运女妖一直控制着命运之轮的旋转，命运之轮随时可以按她的意愿进行旋转。说她盲目是因为她从来不理睬她要向何处旋转，说她疯狂是因为她做事残忍而不计后果，说她愚蠢是因为她不懂得分辨精华和糟粕。

巴库维乌斯（Pacuvius），前220年—前130年

制或原始的印度教因果循环系统将会出来扮演那种神灵的角色，即惩罚行为不善者并奖赏劳苦功高者。原始的印度教因果循环系统并未刻意地关注人类及其行为，我们也许可以把它的运行机制看作水的循环，即它对人类有着一种永恒的、自然的、淡然的影响。

或许命运摩天轮的旋转毫无规律可循。在人类彼此交往的有限区域之外，可能不存在因果循环的说辞。当然人的行为可以是鲁莽、不计后果的或是谨慎、瞻前顾后的，这些不同的行为在一定程度上也会影响我们做事好与坏的结果，但无论采取怎样的做事态度或行为，谁也无法掌控自己的命运。说到不幸，如癌症、车祸、失去至亲这样的事件，发生也许就在刹那间，即使你没犯一点过错。在一年之内你可能遭遇以上所有的不幸，又或者这些霉运与你一生无缘。同样，说到好运或美好的事物，比如恋爱、中彩票、荣获诺贝尔奖这些事情也有可能在一年之内同时发生在你身上。

荒诞

荒诞主义哲学所涉及的研究是人类如何在无意义的世间进行对意义的探索。这一哲学思想出自于瑞典哲学家索伦·克尔凯郭尔和法国存在主义哲学家阿尔贝·加缪（Albert Camus，见右图）的作品。对于"除了发生在我们身上那些符合自然规律的因果关系外，其他事情是否有章可循"这件事而言，荒诞主义哲学思想与因果报应或命运摩天轮的观点相互抵触。比如，即便你是一位尊重老人、睦邻友善的人，那么你患上癌症或坠落悬崖的概率与坑蒙拐骗的人的概率也是一样的。那么我们为什么还要去做好人好事呢？或许这样做是因为你能从中得到快乐吧。

![IDEAS TO SAVE YOUR LIFE] **THE 15-MINUTE PHILOSOPHER**

第 10 章

你会因得到一个新手机而感到快乐吗

快乐源自拥有吗？你怎样才会快乐？

什么事会让你感到快乐？是躺在沙滩品尝鸡尾酒？演奏乐器？还是帮助他人？幸福快乐是人类永远的追求。但问题是究竟什么能让我们感到快乐？还有我们怎样才会得到快乐？

回答这些问题之前，我们首先要清楚究竟什么是"幸福"。哲学对幸福的定义分为两种：其一，幸福指的是安乐，即一个人的生活状态是健康快乐的（这种幸福的标准因人而异）；其二，幸福来自于心境。但这两种幸福感往往不会同时存在，比如你已经过上了一种安逸的生活，但或许由于你还没有实现自己的人生价值，所以你还体会不到第二种幸福感。

扪心自问

- 一名叫阿比盖尔（Abigail）的女孩在一家为救灾成立的慈善机构工作。她夜以继日地帮助那些灾后需要帮助的人，而她生活艰苦，常常拖着自己疲惫不堪的身体倒到床上，入睡后不久又会被白天救灾现场的可怕画面惊醒。但是她的工作是拯救他人生命，而且她觉得自己不会再更换工作，因为现在这份工作让她体会到了幸福和人生的意义。

- 另一位叫弗朗辛（Francine）的女孩平日喜欢看真人秀的电视节目。她常常躺在沙发上一边看电视，一边吃着自己最爱的甜甜圈。她家境殷实，有足够的金钱做自己想要做的事。她永远不会挨饿，也不需要去工作，更不用去思考他人所遭受的逆境。每晚都安然入睡。看了这两个事例，我们扪心自问究竟谁是幸福的？谁的生活更加有意义呢？

快乐的理由

关于幸福，有人做了这样一项调查。调查员问了受访者两个问题：其一，怎么做才能使他们感到快乐（且这种快乐并不是转瞬即逝的欣喜）；其二，什么样的生活是令他们满足的或什么样的生活能让他得到满足感。最后得到的全是主观的答案，其实这也不足为奇，因为我们对上述问题也有着属于自己的答案。然而"充满快乐的一生"和"一辈子过得好"的含义未必相同。

在哲学领域，至少有三种方法可以用来考核你的快乐指数：享乐主义（你的生活是否充满着丰富的愉快经历）；生活满意度（对你当下的生活是否感到满意）；情绪状态（你的生活态度是否积极乐观或者情绪是否容易激动）。

美酒、美女和歌曲；毒品、烈酒和摇滚

享乐主义的观点认为愉快的经历可以让人感受到快乐，其实这种观点已由来已久。很久以前，苏格拉底的一个学生——古希腊哲学家亚里斯提卜（Aristippus of Cyrene，约公元前435—约公元前356）就在他教学中首次提出了享乐主义这样的观点（他的孙子也叫亚里斯提卜）。亚里斯提卜学派认为快乐就是至善。他们的格言是"在明媚的阳光下晾晒干草"（即打铁趁热），即使他们会发现比晾晒干草更有乐趣的快乐之事。信奉这个学派的人不会放过任何一次享受快乐的机会。但是他们确实创造了一种衡量价值的尺度——快乐，即便快乐也会带来痛苦，但是这种痛苦是可以规避的。不过无论怎样狂热或怎样资深的亚里斯提卜派弟子也不会为了尝试得到飞行快感而选择跳楼。总的来看，他们将物质的快乐建立在精神的快乐之上，所以如果你要想在夜晚的古希腊找人进城狂欢，那么亚里斯提卜及其弟子会是你的最佳选择。

一百年后，古希腊哲学家伊壁鸠鲁的观点更加严谨和全面。他名字所衍生的形容词"伊壁鸠鲁学派的"（Epicurean）逐渐流传到了我们这一代，指的是享受美食和优质

> 一味寻欢作乐的生活只适合于野兽。
>
> 亚里士多德

生活的人。伊壁鸠鲁所提倡的幸福源于精美的食物、醇厚的佳酿、动听的音乐以及感官上的享受，但他并不会不加选择地或全盘接受享乐主义。伊壁鸠鲁学派的弟子彬彬有礼、品位独特。而亚里斯提卜学派的弟子性格粗放，他们会一边大口往嘴里灌着伏特加，一边大口吃着烤肉串，最后在酒精的作用下，反而会打起十二分的精神、目光炯炯地搜寻四周的"猎物"——能与其发生一夜情的伴侣。但是像伊壁鸠鲁这样的人不仅不会沉迷于酒色，就连他们对快乐的抒发形式也是温婉而优雅的。事实上，这种人喜好恬静寡欲的生活方式：平日只会喝水，吃自己种植的蔬菜，与好友一同住在公社。这样，他们就可以与自己志同道合的好友一起探讨深奥的哲学命题，而不用为了生计选择去雅典城与那些嬉皮士般的人共事。

　　伊壁鸠鲁对"何谓幸福"这个问题做了深度思考。他认为要获得幸福感首先需要满足以下一些基本需求，其中包括：基本的生理需要，比如食物、住所、健康，此外还有友谊、自由和思想（思想又包括智力激励和对话交流）。相比较而言，像美食、豪宅和财富这些东西

关于本章开始提到的苹果手机

　　伊壁鸠鲁针对我们想要得到的东西做了一项实验。假如你如愿得到了你想要的东西，你的生活会因此得到改善吗？如果你无法得到你想要的东西，你的生活又会有多糟？有了一部苹果手机你就能和朋友更好的交流，并能享受其带来的五花八门的功能，对吗？或者说你之所以想要这部苹果手机是因为它是一部人人都应拥有的手机，另外有了它，在别人眼里你会变成一个很酷的人，是这样的吗？其实有关"是否需要一部苹果手机"的话题所引发的议论已算老生常谈了，因为早在公元前1世纪，古罗马哲学家卢克莱修（Lucretius）对此类问题就已经表达了自己的看法。他认为大众所要的东西只是一种流行舆论胁迫下的产物，并不是人们主观判断后的产物。所以，像卢克莱修这样的人是肯定不会使用苹果手机的。

属于可以拥有但不必强求的，而权力和名誉就属于多余的外物了。对伊壁鸠鲁来说，他是不会因赢得《X音素》(The X-Factor)比赛而感到幸福快乐的。

满足感很难实现吗

满足感是"幸福"的另一种衡量标准。虽然愉快的经历可以给你带来一定的满足感，但我们不能将满足感等同于愉快的经历。如果你因找不到一份称心如意的工作或无法维系一段感情而惶惶不可终日，那么你是不会感到幸福的。偶然的愉悦经历或许能让你感受到短暂的快乐。但那种片刻的快乐很快会被长期的不满情绪所淹没。由于个体差异，我们不会总是对同一件事物发生兴趣，所以令某人满意的生活也许会是另一个人所憎恶的生活。要想知道你是否得到满足，那首先你要清楚自己的欲望是什么。

为幸福列下许愿清单

执行"目标清单"是哲学家判断一个人幸福与否的另一种标准。哲学家建议的这种"目标清单"具有普遍性的特征，即罗列在清单上的愿望是大众对幸福或美好生活的一般化追求。伊壁鸠鲁清单上的愿望包括：友情、自由和思想。他认为任何人的幸福生活都离不开这三样东西。亚里士多德认为所有事物只有发挥出自身的作用，或物尽其用才能体现它们的存在价值。对人而言，我们存在的价值就在于最大限度地施展自己的才华和潜能。亚里士多德所认为的"人的作用"就在于发挥自己理性的思考能力，所以生活在理性中的高尚之人才是最幸福（或过得最好）的人。

亚里士多德还提出沉溺于各种坏习惯（如酗酒、好吃懒做等）当中的人是无法得到真正的幸福的。而对于那些不善于理性思考的人，他们可以退而求其次，选择提升自己的道德和品行。另外，他认为幸福本身就是一件我们渴望并追求的事物。至于财富、友谊和健康等其他事物我们或许也渴望得到，那是因为这些事物能给我们带来幸福感。

来生的幸福

对于有宗教信仰的人，即便当下他们的生活并不尽如人意，却始终坚信世间存在着永恒的幸福。身处逆境时，这样的想法可看作是安抚心灵的麻醉剂，但是安抚感本身并不是幸福感。意大利神学家圣托马斯·阿奎纳（St Thomas Aquinas）认为世间的幸福都是不完美的，而只有钟爱冥想和沉思的人，即坚持心灵反思和敬奉神灵的人才能无限接近这种幸福。然而这不是我们每个人都

金钱能给你带来幸福吗

不难想象有钱后你会过得更快乐，比如那时你能够买你想要的东西，做你想做的事，就算少上几天班、扣上几天工资也无所谓。但是经过多项调查研究发现，事实并非想象的那样简单。从某种程度上来说，一个人的幸福指数会相应地随这个人薪水的上涨而上升，但你的收入一旦到达某个临界点后，幸福指数也就不会发生多大变化了。其实这个临界点的点位并不是很高，两次研究发现这个点位分别是年收入 73 000 美元和年收入 161 000 美元。有了这样的收入，你完全可以解决基本的物质需求并彻底摆脱贫困的忧虑，其实就算和那些财力足以购买游艇和私人飞机的人相比，他们的幸福指数与你的幸福指数已相差无几。不过，当我们的财富大于别人后，我们的确会感到更加快乐。同样，中了彩票或中了大奖会让我们欣喜若狂，但是这种欣喜之情只是一种短暂的现象，欣喜过后我们的幸福指数很快就会降回之前的水平。

能做到的，至少我们无法保证自己时时都在冥想或反思，那么能让我们生活充满活力与美好的次优选择就是修炼自我的德行，即做一个乐善好施、取悦上帝的人。

过度超然你就会摔下来吗

躲避不幸与获得幸福，这两者的含义相同吗？在某个特定的、艰苦的历史时期，这两者之间或许可以画上等号。一些东方宗教和哲学思想提倡一种超然的人生态度，即建议我们采取"退一步海阔天空"的行事风格。无论发生任何事，我们先向后退一步，尝试着冷静地观察和分析所发生的事件会带给我们怎样的影响，然后再选择相应的处理方法，切忌让复杂多变的局势和个人情感左右我们的思想。古希腊斯多葛学派（Stoics）对此也持相同的观点——虽然我们无法阻止痛苦或失落的存在，但我们可以尽量减小它们波及给我们的伤害，这样就可以最大程度地保持我们内心的宁静。用现代的话说，所谓内心的宁静就是"正念"。如果正念可以帮我们减少不利事件和情感带给我们的负面影响，那它同样也可以减少有利因素和积极情感给予我们的正面影响。对于是否采用正念的处事方法，这取决于你所预料发生的是好事还是坏事。

幸福源于美德

亚里士多德已告诉我们——"幸福"与"美德"表达的都是一种模糊的概念。在生活中不断提升自己的道德素养和美德是通向幸福的必经之路，而要想触及幸福，我们就需要一点点揭开它那神秘的面纱。

> 美德代表着一种稳固而持久的意志，它可以带给我们认为最好的东西；此外，它还能积聚我们的智慧以对将要发生的事做出准确的判断……美德在我们所拥有的事物当中是最好的，它依附于我们的自由意志而存在。
>
> 幸福是我们心灵满足及内心满足的最佳体现……这种体现来源于智慧而不是命运的恩惠……我们无法让自己所做的任何事都具有高尚的道德情操，也就是说，我们无法完全依靠理智行事，也无法为了理智而牺牲任何获得满足感和喜悦之情的可能。
>
> 笛卡尔

亚里士多德给人类的行为打上了"善""恶"的标签。如果说人类罪恶的行为位于一段波谱的两极，那么善良的行为就处于这段波谱的中间位置。这与儒家文化所倡导的"中庸之道"不无几分相似。比如，勇气这种美德的两极分别是胆怯和鲁莽，而慷慨的两极分别是吝啬和浪费。我们可以说，现在许多哲学家达成了"万事有节制"这样一个共识。

经过某项理论验证，如果我们始终能保持一颗纯洁善良的心去面对生活和他人，那么，在某种程度上，我们会受到一定的保护，以减免时运变迁带给我们的巨大冲击。所谓减免它对我们的冲击并不是说它不会给我们生活带来任何影响，而是说经过我们平日道德素养的修炼和提升，我们会在潜移默化中建立一套自身安全防御体系，以防止时运突变给我们造成的最坏影响。在所有不幸的德国哲学家当中，亚瑟·叔本华或许是最不幸的一位。他曾经怀疑世间是否真的存在幸福，但又说如果真的存在的话，人们要想获得它就必须实现自己的人生价值。他认为促成人类幸福并使人生充满意义的关键是解决以下三大问题，

在愉快的时光和经历中，儿童往往会比成人更快乐。

分别是：你是怎样的一个人，你拥有什么，别人是怎么评价你的。其中第一个问题最为重要，而后两个是别人最关心的问题。然而人们往往会犯下避重就轻的毛病，可当他们认识到第一个问题才是一个人终其一生的核心问题时，为时已晚。

这是个一半满的还是一半空的杯子

对乐观主义者的标准定义是：乐观主义者是见到"半杯水"会感叹"这个杯子居然还

有一半是满的"的那种人，而悲观主义者会发出"就只剩下一半水了"这样的哀叹。一个人对幸福的感受和人生的经历会因以上不同的人生态度而产生巨大的分歧。悲观主义者常常是谨小慎微的，在他们眼里"成功"都是与自己无缘的小概率事件，所以他们根本不会去为成功冒险。而乐观主义者愿意为一种美好的结果去承担风险，这种具有冒险精神的人才更有可能经历人生的潮起潮落。其实，幸福本身没有标准答案。有的人会把"平平淡淡"看作是幸福，而还有的人会将"轰轰烈烈"和"标新立异"作为自己一生奋斗的方向。

悲观主义者会因保护
自己免受挫折而失去那种
随期盼而至的兴奋快感。

第 11 章

你希望长生不老吗

我们终其一生都在探索长寿的奥秘，但是了无终点的人生是否更糟？

很多民族文化都有关于记载人类"永生"的故事，"永生"即指长生不老。吸血鬼就算一个典型的例子。长生不老对我们来说真的是件好事吗？如果我们无法做到长生不老，那死亡又能带给我们什么好处呢？

死亡有什么好处呢

大多数宗教和精神导师建议人们要冷静地接受或顺从地面对死亡，这样至少能做好"善终"的精神准备。为什么要这样做？一些老年人的确做好了与世长辞的思想准备。然而，许多或应该说绝大多数年轻人是不会面对死亡的，就像英国诗人狄兰·托马斯（Dylan Thomas）在他的作品《不要踏入静谧的良夜》（*Do Not Go Gentle into That Good Night*）中所说的一句话"反抗吧，在这将逝的时光里反抗吧①"。所以，求生是年轻人的自然反应，纵使在自己生命之光即将消逝之际，他们也甘愿让愤怒的烈焰烧遍全身，以照亮生命最后一丝光线逝去后的黑暗。我们之所以要延缓时间的流速、抗拒死亡的降临是因为我们还有许多未了的心愿，比如各种无法割舍的情感和许多欲言又止的心心念念。

1927年，德国哲学家马丁·海德格尔在其著作《存在与时间》中论述了如果一个人意识到死亡的降临，则这个人感知外物的能力将受压制。他用"Dasein"（德语词汇，da指的是

---

① 此处采用的是黍黎释的译文。

"此时此地"，sein 指的是"存在"，其字面意思即是"此在"）这个词表示单一个体在这个世界中存在的一种状态。他说我们的存在会受到时间和空间的限制。所谓时间的限制是指我们寿命是有限的。当我们得知自己的寿命是有限的这个事实后，我们会感到焦虑、沮丧或畏惧。海德格尔并不信仰神灵，但即使他已经死了，或说上帝或神灵与他已毫无关联了，我们还是需要认真思考的问题是：如何使我们的余生精彩绽放以及如何做出置之死地而后生的抉择。其实死亡的降临能集中我们的精神、让我们在生命的最后时刻专注于身边的人或事。

当意识到死亡的不可抗拒性时，我们（应该）会强迫自己选择对自己最重要的人或事，并为此倾其所有。海德格尔对存在方式的真伪做出了辨别：他认为真实存在的生活离不开我们自己的价值判断和选择，而

明天再做吧，蟾蜍说。这些事明天我都会做啦。

艾诺·洛贝尔《青蛙和蟾蜍的快乐时光》（*Days nith Frog and Toad*）

但我总能听到身后时间的战车向我飞奔而来的声音，我们面前是永恒而一望无际的沙漠。

安德鲁·马维尔，《致羞怯的情人》（*To His Coy Mistress*）

受命运或环境摆布的生活属于一种不真实的生活。当然在这种命运面前，如果我们还能保留哪怕是一点点的反抗精神，那么这也变相体现了我们为获得真实生活所做出的努力。如果我们能像吸血鬼那样长生不老，那我们就有充足的时间实现我们所有的梦想，到那时梦想也就不再仅仅是梦想了。与此同时，一切事物将变得不再有意义，因为我们不再需要为选择而苦恼，并且有充裕的时间去做任何事。正是死亡，也只有死亡才能让我们认识到生命的意义。

"等等，处决者大人，我恳求您，再等等！"这是杜巴丽夫人在 1793 年因法国大革命被送上断头台时发出的最后心声。

这不是我们想要听到的消息

几千年来，巫师和科学家都在探寻一种能使人长生不老的灵丹妙药，或是一种能使人青春永驻、永垂不朽的魔法药水。时至今日，我们已研发出各种化妆品和药品，包括外用的乳液、面霜，内服的药片和营养品，以帮助我们延缓衰老并保持一个青春靓丽的外表。对于那些"穷"得只剩下钱的土豪来说，他们可以借助人体冷冻学技术先将自己冰存起来，然后在未来的某一天再通过某种解冻复苏技术让自己苏醒，这样一来也能达到长生不老的目的。人类对长生不老方法的探索也许从其诞生之日就开始了，然而不管是探索长生不老的方法还是寻找期颐之年的养生秘诀都可谓"路漫漫其修远兮"。

许多宗教都向人们许诺"人死后会得到永生，而且会去一个无比美好的地方。"在过去那个科技尚不发达的年代，人们对这种"美好来生"的许诺深信不疑。

对大多数饱受生活艰辛而短命的人来说，"人有来生"不仅是一种颇具吸引力的观点，而且还是一副专治他们心理不平衡的良药。

> 伊壁鸠鲁曾说，人生来恐惧死亡，但这种恐惧是不理性的："死亡对我们来说算不了什么。因为当我们活着的时候，死亡离我们很远。而当死亡降临后，我们已经归西了。
>
> 伊壁鸠鲁

但是奢求太多是不是就太贪婪了呢？我们希望自己年老时能得到儿女的赡养，或希望有一件能让自己今后衣食无忧的传家宝。也许人都会有这样的想法吧。

有的人愿意一掷千金，只为在自己死后将自己的身体或自己的大脑冰冻起来。他们这种想法的初衷是——在若干年后，将他们解冻，通过未来发达的科技和医疗技术治愈他们冰冻之前的不治之症，以最终达到延长寿命的目的。多年以后，当你的至亲好友相继与世长辞，那时你还愿意在未来的新世界生活吗？且为何未来的人不愿去为21世纪的人类使用解冻技术呢？

生命有何意义

从古至今，人类的所有劳动成果、所有贡献、所有鼎盛时期的发明与创造，这一切的一切都将随着太阳系一起消亡，还有所有供人类敬奉神灵的庙宇也难逃被宇宙消亡后的废墟掩埋的宿命。

伯特兰·罗素

据说伯特兰·罗素曾被伦敦的出租车司机问道，"生活究竟是什么？"罗素或许不是回答这个问题的最佳人选。但是如果我们死去幻化为尘埃，那生命的意义何在？荒诞主义者也曾遇到过这种问题。（详见本书第 27 章"生存，还是毁灭"）

关于生命的意义这个问题可以从两个方面来探讨。其一，求证生命是否需要一种意义；其二，如果生命有意义，确定这个意义是什么。

人类存在的秘密不在于仅仅是为了求生，而在于寻找为何而活的理由。
费奥多尔·陀思妥耶夫斯基（Fyodor Dostoyevsky）

死亡并非人生中的大事：我们活着并不是为了经历死亡。如果我们所理解的永恒并不是一种时间的无限延续，而是一种不受时间限制的特性，那么可以说永恒的生命也可以是活在当下的生命。这样当我们视野无止境时，我们的生命也是无止境的。

路德维希·维特根斯坦

我们可以花费一整天的时间来为"生命的意义"寻找答案，但是大多数的哲学家可能只会无所谓地说一句"如果生命有意义而我们却不知道，那就让我们过好余下的每一天吧。"法国存在主义文学大师加缪（Camus）曾说，哲学当中唯一有意义的问题就是"人为何不选择自杀？"加缪还说当我们找不到这个问题的答案时，我们最好顺从地接受它，这句话可谓一针见血。

如果你觉得你的生命具有某种意义（也许是由于宗教信仰），那么你就没必要再问这样的问题了。如果你不知道生命的意义是什么，那么你不妨学习大多数哲学家的做法——做一个真实的自己，做你认为正确的事，认真过好自己的生活（详见本书第 10 章 "你会因得到一个新手机而感到快乐吗"）。事物的 "意义" 是什么不重要，重要的是我们如何看待这些事物。

如果我们能清醒地意识到自己生来就会不战而败，那我们也没必要为此郁郁寡欢了。我特别不愿遇到这样一种情况——某人有一天突然拍拍我的肩膀，告诉我的不是派对结束了，而是派对还在继续，只可惜我却无法到场（再举一个例子，如果一份报纸只有在我离开人世的第二天才会发行，这听起来该是多么令人悲痛啊）。然而更加令人难过的是：我 "有幸" 参加了这个派对，我又被告知这个派对会永远地进行下去，而我却被禁止离场。这样的话，不管这个派对办得好与坏，当这个派对带有了永久和强迫的性质，那么处在派对当中的你对它的厌恶之情恐怕早已溢于言表了。

克里斯托弗·希钦斯（Christopher Hitchens）

IDEAS TO SAVE YOUR LIFE

THE 15-MINUTE PHILOSOPHER

第 12 章

你会选择信仰宗教吗

宗教信仰是一份礼物吗？这是一份上帝为我们挑选的礼物吗？如果信仰不是一种选择，那么怎么奖赏它才算是公平的呢？

如果我没看到上帝所到之处留下的痕迹，我将否认上帝的存在。如果我随处都能看到造物主留下的印迹，我会平静地做他的信徒。但是如果看到太多我将否定他的存在，看到太少我又无法使自己相信他的存在，于是我陷入了这种悲惨的两难境地，我是多么地希望（如果）上帝真的是孕育自然万物的造物主啊，那么我们对他的存在将毫无异议。

布莱士·帕斯卡（Blaise Pascal），《思想录》

本章不是要讨论上帝是否存在的问题：因为这个问题太大了。也可以说这个问题太小了，以至于你只需回答"是"或"否"即可，但是通过逻辑论证并不能帮你找到正确的答案。如果理智说不存在，而信仰说存在，这又该怎么办呢？所以关键问题就在于你是否会选择信仰。

帕斯卡的赌注

帕斯卡的赌注是一个著名的哲学命题。甲面对着一个不确定上帝是否存在的乙，在衡量了利弊得失后，甲提出了以下的论述。

- 假设上帝并不存在，而我们还选择去信仰他，那我们就过上了崇尚美德的生活，期间我们也不会有什么损失，最大的损失就是花了些时间白做了一次信徒，最终化作尘埃从这个世界上消失。

- 假设上帝真的存在，而我们却不信奉他，我们无拘无束地在花天酒地中度过了几年，但最后换来的是灵魂的毁灭和地狱般的痛苦惩罚。

"如果你赢了赌局，你将赢得一切；如果你输了赌局，也不会有何损失。"

总的说来，如果花上几个小时能换来一些新教徒并让他们终身行善，那这可是最好不过的赌注了：

相比较而言，我更加恐惧的不是自己"错误地认为基督教所宣扬的信仰是真的"，而是"由于自己先前的错误认识致使自己后来才发现基督教所宣扬的信仰是真实的"。

但是问题就是这样简单吗？信仰真的就是一种选择吗？也许对帕斯卡这样的人来说它就是一种选择，因为他自己对"信仰"也是半信半疑，不过就这个赌注而言，他宁愿选择相信上帝真的存在。一个生来没有任何信仰的人，以后会不会成为一个有信仰的人呢？

你会选择信奉哪个宗教的神灵？

帕斯卡的赌注有其严重缺陷，法国思想家德尼·狄德罗（Denis Diderot）在帕斯卡的赌注提出大约 100 年后对它产生了质疑。对于帕斯卡而言，问题不单单在于是否选择信仰神灵，还有选择信奉哪个宗教的神灵问题。如果他自己信奉的是错误的神灵，那么跟随他一起信奉的信徒不但会浪费自己的毕生精力，而且还会永远谴责他。

与生俱来的信仰

在过去，关于宗教信仰的选择看似是一个很简单的问题。如果你是欧洲人，你生来可能信仰基督教，也可能信仰犹太教。也就是说当你嗷嗷待哺时，你就已经确定了自己的宗教信仰，并且会不离不弃地坚守着自己的信仰，至少不会站出来公然反对自己的信仰，又或者说如果"成为异教徒"不会成为你今后的职业目标的话，那么你也不会对自己当初信仰的选择产生质疑。在人类文明尚不发达的时代，当许多神秘现象还无法解释时，我们就只有默默地接受这些现象的存在。那时，人们会坚定不移地认为所有的神秘现象一定是上帝旨意。这种情况今天仍然存在。无论是过去还是现在，有的人一直认为上帝和空气一样——都是一种自

然而然的存在。他们也不会认为上帝是一种只有你或我才能呼吸的空气。

强迫性选择

美国心理学家威廉·詹姆斯（William James）是著名小说家亨利·詹姆斯（Henry James）的哥哥，他认为信奉上帝犹如一种强迫性的选择，无论我们喜欢与否，都必须信奉他，因为再没有其他更好的选择。他认为人生充满了各种各样的选择，有的是你的必然选择，还有的选择对你会起到决定性作用（甚至会改变你的一生）。在他看来，是否信奉上帝这件事既是一种必然的强迫性选择，同时也是起决定性作用的关键选择。他觉得人没有理由去做一个无信仰的人，因为宗教赋予了人生命的意义、构建了人类社会的道德框架和心理学体系，当然还有"幸福的来生"作为对虔诚信徒的一种额外奖励。

理性与信仰还是信仰的理性

理性与信仰之间存在着一种极不稳固的关系。有些思想家认为信奉上帝非常合理并且还尝试运用大量的证据来为上帝的存在进行辩护，由于缺少强有力的哲学论据，他们的尝试只能以失败告终。但这些是问题的重点吗？

对于自己信仰的事物，我不会去深究它的含义，但是我相信我是可以理解它的。同样我认为，对于我不信仰的东西我是不会理解的。

安瑟伦（Anselm）

伏尔泰则看法不同，他认为信仰就是一种关乎理性的问题。

什么是宗教信仰？是不言而喻或显而易见的事物吗？不，显然不是。在我看来，显而易见的是——宗教信仰是一种必要的、永恒的存在，它代表了至高无上的智慧。另外，这并不单单是信仰问题，而是一种关乎理性的问题。

然而伏尔泰说的"在我看来，显而易见的是……"这句话本身就折射出了一种信仰。显而易见的东西只有被合理的论据论证之后才可能是理性的。通过逻辑证明上帝存在的唯一目的——是为了说服那些没有信仰或信仰不坚定的人（像帕斯卡一类的人）去做一个有信仰的人。若从一个公正的角度来分析伏尔泰的话，伏尔泰认为宇宙受到永恒不变的定律的束缚（即我们说的物理学定律），而这些定律本身是可以理解的，即使我们现在还无法解释清楚。上帝就属于当中的一种定律，即上帝是一种超越了我们当前认知能力的理性存在，而不是那种无法言说的神秘现象。

16世纪初荷兰人文主义运动的代表人物伊拉斯谟（Erasmus）严厉批判了僵化的经院神学，认为正是这些教会繁琐的仪式制度和繁文缛节的信条使宗教信仰变得晦涩难懂，他还猛烈斥责了教会神职人员的各种腐化和贪婪的行为。伊拉斯谟认为对上帝发自内心的敬拜是简单而直接的，这种敬拜又植根于对上帝确信无疑的认知。他还认为信仰上帝属于一种"愚昧的崇拜"，确切地说，这种愚昧指的是对上帝的存在全盘接受，即使可能会违背理性原则。它超越了科学和理性的探知，并直接体现了对真理的感知和认知。索伦·克尔凯郭尔也持相同的看法，他认为信仰就像是对无法证明的事物的一种信任，有时会和理性背道而驰。要是我们可以解释上帝的存在，那么我们也不需要什么宗教信仰，这样信仰也会因此变得毫无意义。

你能尝出奎宁水的味道吗

　　这个问题还是留给那些不相信他的人吧。这难道不像是在测试你有没有分辨这种味道的能力吗？有些人可以尝出奎宁水中的苦味，而有些人则不能，这属于一种遗传性差异。如果你尝不出奎宁水中的苦味，那你以后也不可能会尝出来。宗教信仰不也是如此吗？如果你天生就没有宗教信仰，那你会被驱逐出天国吗（假设天国存在）？这听上去是不是有些不公平？根据众多宗教的教义，一个没有宗教信仰的人，不管他平日做多少善事或者多么以慈悲为怀，这都无济于事——因为他最终还是无法进入天国。另外这些信仰必须准确无误。无论你是天主教徒、新教徒、逊尼派还是佛教徒，我们都会受难；而波利尼西亚鲨鱼崇拜者们如果没有出错的话，我们中的大多数人会遭受苦难。

　　约翰·加尔文（John Calvin）认为上帝早已选定好了要被救赎的人。而根据相对自由的教义，我们都有可能成为圣灵的宠儿（或者是其他神灵的宠儿）。

这是谁的选择

　　现代西方对宗教问题的主流观点是——宗教信仰是一种是否信仰上帝或精神领袖的个人选择。德国哲学家弗里德里希·尼采（1844—1900）反对宗教，尤其是基督教。他声称宗教就像是针对重大社会问题的一种群体性逃避策略。而宗教信仰就像是一个生活在贫穷、谦卑和顺从中的人——永远处于一种从属地位，它是统治阶级压迫穷人的工具。用他的话说宗教就是一种"奴仆道德"，正是教徒自身"向善"的本性才会被统治阶级压榨和利用。这些奴隶（教徒）之所以愿做一只任统治阶级宰割的羔羊，是因为他们受到"来生是美好的"宗教信条的洗脑，而在尼采看来，来生根本不存在。这就像你买了一份永远不会给你赔偿的保单，而当你发觉自己上当时为时已晚。

奥地利精神分析学家西格蒙德·弗洛伊德（Sigmund Freud）发现了一种隐秘的动机，但这种动机其实是人类寻求安慰和呵护的潜意识作用。他认为，人类都渴望自己身边能出现一个"父亲般的人物"，因为这种人物可以"减轻人们在残酷命运中的痛苦，还可以补偿他们在文明社会中所受到的疾苦。"根据尼采或弗洛伊德的观点，指引人们信奉上帝的既不是理性也不是宗教，而是一种免除虐待或苦难的渴求。他们不是出于信念或选择而信仰上帝，而只是不加思考地将宗教作为自己的救命稻草。

通往大马士革之路

我们每个人不是生来就有信仰的。有些人的宗教信仰是后天获得的，还有些人因为受到别人的说服或鼓舞改变自己的宗教信仰。名叫乔治·普莱斯（George Price）的美国遗传学家在经历数次巧合事件后，他有了一种强烈的意识——认为发生在自己身上的巧合事件属于一种宗教体验。于是他认为成为神圣的基督教徒是了解更多巧合事件背后原因的最好方法。而理性可以指引他走向信仰。

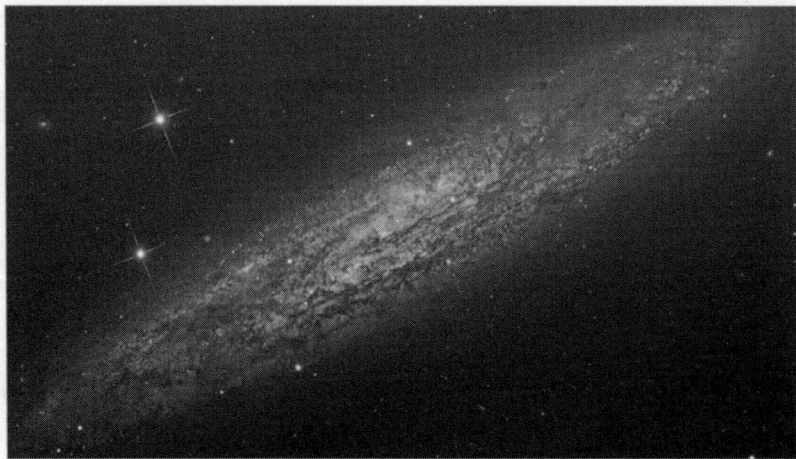

有些科学家认为复杂的宇宙万物带领人们走近了信仰，也走近了那个主宰万物的神灵。

THE 15-MINUTE
PHILOSOPHER

IDEAS TO SAVE YOUR LIFE

第 13 章

狗有灵魂吗

你有没有凝视过狗的双眼并感觉到它灵魂的存在?

灵魂是什么

信仰宗教的人常常将灵魂看作是连接人类和神灵或造物主之间的一条纽带。在亚伯拉罕诸教信仰里，人具有灵魂，而人的灵魂是一种神一般的存在，它渴望成为上帝的宠儿或回归于上帝，并且它是圣灵在人身体中形成的一种映像或是圣灵身体的一个部分。根据非宗教的观点，人的灵魂是一种类似于自我意识或感知的物质，或者可以看作是宇宙灵魂的一部分（详见本书第 6 章"人的身体中有灵魂存在吗"）。

让上帝选择吧

根据基督教的观点，哪些动物可以具有灵魂是由上帝决定的。但众所周知，宗教经书的语言是出了名的晦涩难懂，其中许多内容只有经过特别注解后人们才能理解，而同一个词的含义在不同章节或语境下可能会迥

勒内·笛卡尔认为人的身体就像是一部灵魂寄居其中的机械设备。他认为只有人类才具有灵魂，而动物没有，动物都属于没有灵魂的机器。

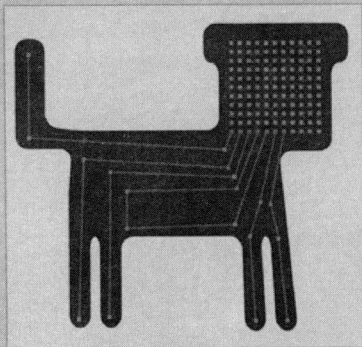

然不同。关于哪些动物具有灵魂这个问题你无法在《圣经》中找到答案。不过在《圣经》中你可以找到这样一段讲述"被提[①]"的话，在耶稣返回地面要带"被救赎者"上天的那个时期，动物是有灵魂的。

人的灵魂会升天，而动物的灵魂会入地。

《圣经·传道书》第 3 章第 21 节

根据伊斯兰教的观点，动物没有自由意志、不会升天、其任何行为也不会受到真主的评判。所以也许自由意志就是某种生物是否具有灵魂的决定性条件。

相同的灵魂，不同的躯体

佛教认为灵魂不是人类的专利，其实所有生物都拥有一种宇宙意识。荷兰哲学家巴鲁赫·斯宾诺莎（Baruch Spinoza，1632—1677）也持有相似的观点。他认为天地万物都被大自然赋予了灵性。不过当时他的这种观点还被认定为异端邪说，所以最后他被犹太教拒之门外。佛教教义与斯宾诺莎都认为我们当中的每一个人，或甚至于每一条狗都具有些许的宇宙意识，但这种意识不具有自主性，或者说这种意识并不能有效地证明人或狗是一种独立的存在。

相信灵魂轮回之说的人认为：当一个人死后，这个人的灵魂会在另一个躯体中得到转生。另外，狗也是有灵魂的。灵魂这种东西并不具有物种特异性，即同样的灵魂它可以选择栖息于人、狗、穿山甲甚至黄蜂的身体中。公元前 5 世纪的古希腊作家希罗多德（Herodotus）经考证发现，古埃及人信奉人的灵魂在重生后会转移到任何一种动物的体内，再经历了 3 000 年的繁衍后，以前的那个灵魂又会寻找人作为它的寄主。一些古希腊哲学家，

---

① 被提是指圣徒被主耶稣提接到天上的现象。——译者注

诸如柏拉图和毕达哥拉斯（Pythagoras）认为灵魂只能在某个物种体内停留短暂的时间。在这个物种肉体死亡的同时它会与世间所有的灵魂重聚，重聚之后它会去激活另一个物种的躯体，这个物种可以是一个人也可以是一只狗。在这样的构想下，狗确实是与人有着相同类型和性质的灵魂。

动物与动物有区别吗

灵魂通常被看作是一个人的意识、自我认知和品行道德产生的源泉。另外它不仅带给了我们想象力、语言、移情、抽象思维这些能力，还赋予了我们对良知的判断、对生活的热情以及对未来的期盼。根据人们的传统观念，以上这些属性特征或能力往往被认为是人与其他低等动物的主要区别。如果将是否拥有灵魂看作是辨别人与低等动物的依据，那么究竟什么样的灵魂是属于人类而不是低等动物的呢？如果说因为它是一只狗所以它就不可能有灵魂：原因是狗不会具有灵魂。这样的辩论并不具有说服力——因为这是一种循环论证。

随着在动物生理学方面知识的不断增长和对动物行为的深入研究，我们开始对那种古老的假说产生怀疑。这种假说认为人类及其大脑在本质上不同于其他生物（暂不考虑宗教所认为的"人是有灵性的"这种因素）。并且通过对动物的观察发现：从某种程度上来说，它们的行为举止与人类十分相近，它们也会有同情、维护公正和无私的行为表现，而这些行为表现甚至不仅仅局限于它们的同族或同类。经过芝加哥大学神经系统专家让·戴西迪（Jean Decety）的研究发现，老鼠是一种勇敢而无私的动物——行动自由的老鼠即使在未得到任何好处的情况下也会将自己的同伴从老鼠夹中解救出来。此外老鼠还是一种团结、有爱心的动物——如果有两只老鼠同时被困在老鼠夹中，那么行动自由的老鼠会先救出其中一只，而这只得救的老鼠会等到它的同伴将第二只老鼠救出后再与它们一起分享偷来的食物。这样感人的例子在动物界不胜枚举，一只猴子会将另一只猴子从笼子里解救出来并一起分享食物；同样自古希腊时期，民间就流传着海豚挺身救溺水者的故事。更有甚者，有的人类的婴儿与亲人失散后会被野兽"抚养"长大。

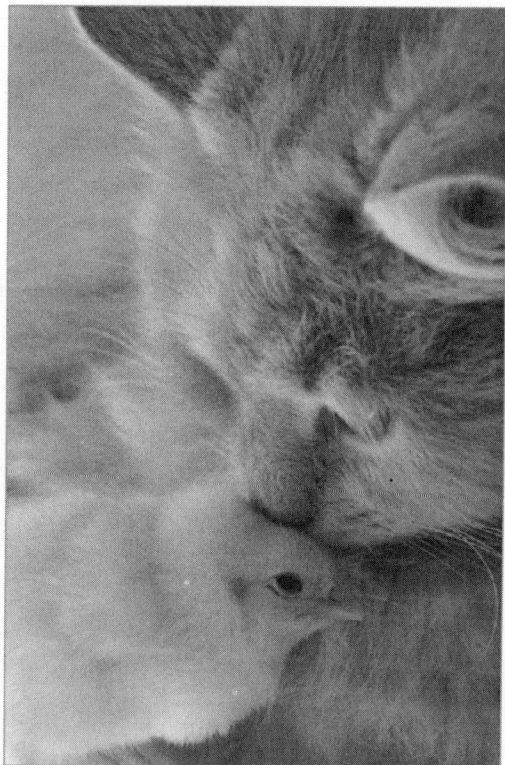

大多数人仍然认为只有人类才懂得如何创造艺术（比如说如何讲故事）、会产生懊悔或内疚之情、会对未来充满美好的想象和憧憬；此外也只有人类才会具备自我认知能力和一套只属于自己的心智理论（也就是说，只有人类才会对事物有着属于自己的思维理解，而且对同一件事的感受也会因人而异）。但是话又说回来，我们同样没有证据证明动物无法做到和我们人类一样的事。如果动物能拥有我们人类的某些能力或拥有我们的全部能力，那么它们是不是就有灵魂了？

灵性的方舟

在西方国家，狗通常是人类最亲密的伙伴。猫和马享有的待遇会比狗稍逊一筹。但这与狗、猫或马这些动物本身无关，而完全取决于我们对它们的态度。我们会无形地对自己喜欢的动物投射更多的情感。

在这个世界上有比狗更加聪明的动物，还有的动物（包括老鼠）具有感同身受的本领、无私的行为或乐于分享的"美德"。如果说狗具有灵魂，那么海豚和大猩猩也一定具有灵魂。其实狗并不是什么特别的动物，从生物学角度来看，其他动物和狗一样也具有一定的心智行为。如此说来北极熊、长颈鹿、海象和食蚁兽是不是都有灵魂呢？

我们是否有一个合理的理由认为只有哺乳动物才具有灵魂呢？在鸟类当中鸦科动物（与乌鸦同一科的动物）具有较高的智商，许多鸟类会坚持"从一而终"的婚姻观，而当它们失去配偶后也会感到悲伤和难过；也许鸟类也是有灵魂的。那么鱼、昆虫、变形虫、巨噬细胞是否也具有灵魂呢？换句话说，生物界当中具有灵魂的最低等生物有哪些？

英国哲学家威廉·金顿·克利福德（William Kingdon Clifford，1845—1879）认为我们可以大胆假设更低级的生物也是具有灵魂的。然而他并不清楚生物到底是怎样从无意识形态进化到有意识形态的，他所做的只是假定所有生物起初都有其低等的、原始的意识形态，而这

亚里士多德的灵魂目录

亚里士多德认为只有人类才具有功能最为齐备的灵魂。而普通动物的灵魂不具备有理性分析能力，最后植物就只有最低等的灵魂了。

5 级灵魂：只有人类才享有这种级别的灵魂。在这样强大的灵魂之下，人类可以进行：理性的思考、运动和感知外物、延续自己的生命。

3 级灵魂：这是普通动物所拥有的灵魂。这种灵魂下的动物可进行运动并感知外物，还有延续生命的能力。

1 级灵魂：这是植物所拥有的灵魂。这种灵魂下的生物不具备运动能力，只具有基本的延续生命的能力。

种意识形态以后可以再进化和再发展。但从他的这个观点，人们还是无法确定生物由无意识形态进化到有意识形态的具体时点。如果我们完全接受进化论的观点，那我们唯一能得到的结论就是：在最低等的微生物体内，比如那些存在于变形虫体内或人类血液当中，结构相当简单的生物体也有着和人类一样的意识（克利福德智商非常高，他在 1870 年代发表的《物质的空间理论》与后来爱因斯坦的相对论不谋而合。只可惜他于 33 岁就英年早逝，因此他有关空间弯曲的观点只能留给后来人——爱因斯坦去发扬光大）。

这重要吗

狗的主人或许会半信半疑地认为他们的宠物都有灵魂，但是动物有没有灵魂重要吗？动物是否有灵魂又会造成什么样的影响呢？正如前文提到的：毕达哥拉斯

豆子有没有灵魂?

据说毕达哥拉斯连豆子都不会吃，甚至他宁愿被人杀害也不愿被人在一片豆子地里追赶（因为他不想因此踩死豆子）。原因之一是他认为在灵魂转世的过程中这些豆类植物扮演着重要的角色，在他看来，这些豆子也许能起到一种运输灵魂的管道作用。

劝说人不要虐待狗，因为他觉得狗有着一个"人"一般的灵魂，因而我们也许会因动物有无灵魂这个因素而对其区别对待。大多数人会认为作为人类要比动物承担更多的责任，同时大型且智慧的动物比小型动物（比如鼻涕虫和蟑螂）承担更重的责任，最后不言而喻：动物要比植物承担更多的责任。如果我们知道动物也是有灵魂的，那么我们对待它们可不可以或应不应该多几分怜悯和尊重呢？我们饲养它们难道就是为了日后将它们变为餐桌上的美味佳肴吗？或者，我们只是把它们当作人类的科研对象？我们是否还愿意将它们"软禁"在动物园中供游客观赏或作为宠物供人玩耍？

　　我们应该做这些事情吗？如果生物也有灵性的话，那么对待它们我们需要肩负怎样特别的责任呢？假如当我们知道动物也是有灵魂的或它们也能像人类那样思考、同情或遭受苦难，我们能否在动物和人类两者之间做到一视同仁？而如果我们还不能肯定动物是否具有灵魂，那我们还会不会善待它们？

在日本，乌鸦被看作一种聪明的鸟类。它们会先将坚果丢到马路上，等过往的车辆将其碾碎后再去食用。而更令人惊叹的是：这种鸟类还会将坚果丢到人行横道上，等信号灯由红变绿——过往的行人将坚果踩碎后，它们再过去捡拾。

第 14 章

你能言而由衷，言出必行吗

三月兔继续说道，"那么你应将所思所想表达出来，"
爱丽斯仓促地回答："我就是这样的呀！至少我表达的就
是我想要说的，你知道的，这其实是一回事。""这根本
不是一回事！"疯帽子说。

刘易斯·卡罗尔（Lewis Carroll），《爱丽斯梦游仙境》
（*Alice's Adventures in Wonderland*），1865

过去一百多年间，哲学家们开始对语言产生了浓厚的兴趣——具体体现于以下几方面：对我们所说的内容，如何借助语言表达自己的想法，以及我们对别人通过语言所表达的含义会作出怎样的理解。由于所有的哲学观点都需要借助语言来表达，而所谓的"语言转向"除了会对我们所说的内容和如何表达言语产生巨大的影响之外，它还能引起我们对"什么是不能通过语言来表达的"这个问题作出反思。我们的所思所想会受到语言的限制吗？或者我们甚至是不是可以认为所有存在的事物都会受到语言的限制呢？

事物只是一个词语

有这样一个问题是早期哲学界公认的一大难题，同时又让众多语言学家感到措手不及，

即某些词语所代表的概念，比如"正义""童年""愤怒"和"红色"是否真的存在。唯名论学派的哲学家认为像上述这些抽象的概念只存在于这些词汇本身。现实当中并不存在"愤怒"这样的事物，它只能通过行为表现出来，或通过"愤怒"这个词语表达出来。而持不同观点的唯实论者，他们声称愤怒是可以脱离"愤怒"这个词语而独立存在的，也就是说即使我们没有表达愤怒情绪的这种词汇，我们依然可以毫无影响地释放自己愤怒的情绪。对唯实论者的定义又可得到进一步的细分：其中以亚里士多德为代表的学派认为：世间万物会因自己的消亡而不复存在；而另一种观点则认为世间万物会从诞生之日起永远存在下去。具体来说，亚里士多德一派认为当人们不生气时，"愤怒"就不存在了，或者说当人类灭亡以后，"愤怒"就不复存在了。而作为唯心论者的柏拉图则认为"愤怒"属于一种形式或某种典型的现象，人生气与否都不会改变它的存在。

词汇的意义是什么

对于词汇如何类聚成有意义的语句，这个问题引起了 20 世纪德国哲学家路德维希·维特根斯坦的兴趣。在他看来，讲话的过程就是我们组织和运用各种词汇的过程。所以如果我们将一个词用在不同的语境中，则其意义自然会发生改变。当年轻人开始用"酷"这个词表达一种"不太温暖"的感受时，那么即赋予了这个词新的意义。但这与维特根斯坦的思想截然相反，他说我们必须将语言建立成为世界的图像或世界的模型。只有语言的意义与图像的对象一一对应，我们才能建成。维特根斯坦后期的哲学思想主要是围绕"语言游戏"这一概念而展开的，其目的是想告诉人们语言是一种动态活动，而这种动态活动的参与者必须对自己所使用的词汇的意义有一个准确的认识。

我们不妨先将自己从维特根斯坦的语言学困境中抽离出来，试问某个词语与其所指代的意义之间存在联系吗？或者还是说每个词语仅仅是一种无实际意义的、由任意字母组合而成的拼音文字？打个比方，我们有什么合理的理由证明"狗"这个词语指代的就是一种犬科动物，而不是表示像冰柱或化油器等其他的含义？然而有些词和词之间存在着一种逻辑关系，比如"冰"和"冰柱"，还有少数一些拟声词与其所指代的对象之间存在着一种意义上的对应关系，语言哲学家将将这两者分别称为"能指"和"所指"。"能指"和"所指"这两个术语

是由瑞士语言学家费尔迪南·德·索绪尔（Ferdinand de Saussure）提出的。他认为语言如同一套符号的体系，"能指"这个符号代表的是口头语言，而"所指"就是事物的具体概念。字母"t"的发音属于"能指"，而由这个发音联系到的事物就是它的"所指"。"t"这个发音本身属于一种语音形式，因而我们将其看作是一个单词，这个单词就是能指，而由能指所表示的意义就是一种事物的概念或称为事物的所指。从绝对意义上来讲，由"tree"这个词的发音我们还不能确定它指的就是"树"的含义，但是对于英语国家的人来说，根据大家的普遍共识，当看到或听到"tree"这个单词后，会自然而然地认为它所指代的就是"树"这个概念。

不要丢弃你的文化信仰

语言是文化信仰的载体。随着时代的变迁，这种文化信仰会得到凝聚、升华和变化，甚至会使以前那些古老的书面用语的含义发生改变。当提到"阿道夫"这个名字时，绝大多数人会立刻联想到希特勒。如果你打算写一本小说并将主人公命名为阿道夫的话，无论你是将阿道夫这个人物刻画成正面的还是反面的，读者都会对这部小说产生一定的期待。"gay"这个单词一直到20世纪中期都用来形容一个人"快乐、愉快"的心情，或许还带点放荡的意味。但从那以后这个单词主要用来形容男性之间的"同性恋"关系。如今"gay"这个单词已逐渐失去了它原先所代表的含义。又比如，对于一部写于1920年的小说，生活在现代的读者或许会与那个时代的读者对这部小说产生不同的理解和感受。

20 世纪英国哲学家约翰·奥斯丁（John Austin）将"言语行为"（依靠语言来执行的行为）划分为三类：言内行为、言外行为和言后行为。言内行为指的是用句法、词汇或从句所传递的字面意思；言外行为可以是一个问题、一项指令或一个承诺，但它们的中心目的都是为了表达说话人的某种意图；而言后行为指的是行为本身，即是说话的一种结果：如在婚礼上，当你说"我愿意"那就表示你愿意接受结婚的这种结果。要想更好地理解以上三种言语行为，那我们每个人必须对自己所使用的语言的文化背景及信仰有一定的认识。

你能明白我的意思吗

有人把青绿色看作一种夹带些许蓝色的绿色，也有人将其看成是夹带少许绿色的蓝色。但是我们能肯定这全然只是一种差异化视觉下的判断结果吗？还是由于我们因人而异的用词习惯所导致的结果？我们无法肯定所有人对红色或黄色会有相同的视觉感受，但我们会不约而同地将"血液"的颜色定义为"红色"。同样的道理，我们也许对"愤怒""爱情""恐惧"或其他任何东西都有着不同于他人的看法。所以，我言语中传递的想法未必就是你听后所理解的意思。

哲学家本来试图讨论语言这个庞大的话题或其他别的话题，但颇具讽刺的是，正当他们试图讨论语言这个话题的时候，突然发现自己对"沟通方式"这个问题还未达成一致的结论。

孤木不成林

另一位德国哲学家戈特洛布·弗雷格（Gottlob Frege，1848—1925）积极地推动了语言哲学的研究与发展。他认为语言的意义只能产生于语境。如果我们把"那头猪是黑色的。"这句话看作是一种数学表达，那么其中"那头猪"是自

变量，"黑色的"是因变量。我们可以将其中的自变量"那头猪"换成"这只猫"。"黑色的"这个词只有放在上下文中才能体现它的意义，一旦脱离了上下文，这个词本身也不具有什么意义了。

单独的一个词本身是没有意义的。索绪尔解释说——言语之所以能有意义是因为词语与词语之间存在一种差异性。比如，"男性"这个词肯定会和其对应的另一个词并存，即"女性"。再比如，当我们说这个东西是一只猫的同时，就承认了这个东西不会是一只狗、一只老鼠或一只沙袋鼠。从某种意义上来说，一切事物的定义都取决于与其相对应的事物。

言语与真理

我们可以借助语言来讲真话，也可以说假话，这似乎是一个不言而喻的事实。伯特兰·罗素对此做了进一步说明，他认为一段陈述也可能是毫无意义的。比如，"法国国王是秃头"这句话既不是真命题也不是假命题，因为法国并没有国王。如果我们认为这句话是假的，那么可能会给别人带来这样的一种误解，即法国国王不是秃头（但法国国王真实存在）。如此下去，许多陈述都会让人感到迷惑不解。比如说，"我所讲的一切都是假话"，这其中如果真话是假话的话，那么岂不是假话同时也是真话了？

受限的思维

我们所说的话会受到语言的限制，但是语言能束缚或构建我们的思维吗？有这样一个论点认为我们的思维会受到语言的束缚。如在汉语中，如果你要表示具有一定数量东西，那么你就需要用到"量词"——一种位于数词和名词之间的词性。所以像"三份地图"的有效表达就是"三份东西，这种东西是地图"。这样就需要一种能将不同的事物联系起来的共同属性。汉语中，在地图、邮票和大猩猩这三样事物里，地图和邮票的相似度要大于地图和大猩猩的相似度（因为这两者能用同一个量词来表达）。然而在英语中，并不存在邮票和地图的关系会比邮票和大猩猩的关系更相近的这种情况。因此我们也不会为了方便计算事物的数量而刻意在它们之间搭建一种联系。

还有许多例子是关于语言如何限制或延伸人的思维和表达的。巴西亚马逊盆地的居民使用的是一种叫作皮拉罕（Pirahã）的语言，在这种语言中你找不到数词和用来表示颜色的词汇。当地居民对数的概念非常模糊，他们对数字的理解只限于：一个、少数和多数，而对具体的序数并没有概念。颜色由修饰、形容某物体的比喻来表达，比如红色的东西就是像"血"一样的。经考察发现，如果皮拉罕人在小时候未经过教育或指导，成年后不但不会识别那种包含多种元素的图案，而且还不会数数。皮拉罕人的事例强有力地支撑了语言决定论的论点，就是指我们的思维或认知会受到我们所使用的语言的制约和限制。

对某些事物或情况有些语言有与之对应的词汇或语句来描述，但有些语言没有。日语中，"tsundoku"这个词是用来形容人"只买书不看书"的一种行为。虽然英语中没有专门的词汇来描述这种现象，但是这种现象是存在的。既然没有专门的词汇形容人的这种行为，难道是因为使用英语的人与使用日语的人在思维模式上存在差异吗？或者对使用英语的人群来说，这是一种"难以启齿"的行为，或者说这是一种易于"宽恕"的行为？尽管缺失描述这种现象的词汇会带来一些不便，但是我们依然可以用英语准确表述出来，即"你买了一本书，却从未翻过"。对于某些事物或现象我们没有相应的词汇进行描述，那我们是否会对这种情况视而不见？比如说对"蚯蚓钻土"的这种现象我们就没有相应的词汇进行描述。我们可以描述其蠕动方式，一种有别于人类肌肉活动的方式，但还是无法找到合适的词语来形容。因为作为人类的我们很难想象蚯蚓在钻土时其肌肉会以怎样的方式活动。所以，也许就是因为以下两方面原因导致我们无法对"蚯蚓钻土"的这种现象做出细微的描述。其一，我们本身就没有描述这种现象的合适词汇；其二，人类想象力的局限性。

语言——共性与差异并存

诺姆·乔姆斯基对不同的语言及如何学习语言做了深入的研究。他提出所有的语言在句法结构上都存在共性，并且，我们的大脑对这些句法结构具有与生俱来的领悟能力。也就是说，我们大脑似乎存在某个专门负责语言学习的区域。乔姆斯基认为对一个孩子来说通过模

不需要言语的语言

像幼小的孩童或聋哑人，虽然他们不能像正常的成年人一样借助语言（通过听说的方式）与人交流，但没有人会因此认为这些人就失去了思维的能力。其实"语言"作为一种交流工具，它的存在方式不仅仅局限于口头或书面这两种表达方式。有的语言（例如梵文）就只有"书面"这一种表达形式，还有的语言只有口语的表达方式。比如前文提到的皮拉罕语完全可以通过"吹口哨"的方式表达自己所要说的话，因为这种语言只有 13 个音素而且这 13 个音素还可以被哨音代替。那么 infograms（一款信息图编辑工具）呢？通过这种工具我们就可不需要借助文字或熟知的图形进行交流。手语这种肢体语言可以转化成文字，左图的海伦·凯勒（Helen Keller）在她护理员的帮助下正在运用盲文阅读。所以，语言的表达形式远远不限于口语和书面这两种形式。

仿身边人来学习语言太过复杂，不过这正说明了我们学习语言的能力是先天的。但是学习语言的潜质会受到时间的影响，比如，当一个人在青春期之后才开始学习一门语言，那么他熟练掌握这门语言的可能性微乎其微。一些语言学家也认为某一个时期是学习语言的关

键时期，儿童一旦错过了这个时期他们也就永远错失了学习语言的能力。我们大脑的某一部分似乎有能力为我们破译各种语言信息，即将我们一连串语句的发音与其所表达的含义一一对应。然而这种能力在你的儿时要是得不到足够的培养和训练，那么你也会永远失去这种能力。

我们现在对这样两个儿童进行比较：一个叫吉尼，另一个叫伊莎贝尔，他们从小都脱离了人群并在野外环境中成长。现假设 6 岁和 13 岁是两个关键的时间点。吉尼在他 13 岁之前从未与人类接触，这样他永远也无法学会人类的语言；而伊莎贝尔在她 6 岁的时候得到救助并返回了人类的世界，则她是可以学会语言的。

右边这个小孩过马路的标示很容易辨认，即使你未曾见过这种标示，但你看一眼就会明白它的含义。而看到"禁止入内"的标志，我们恐怕不能完全理解它所代表的含义。这样就需要在这个标志旁边加上某种注解，这种注解可以是任意一个词语，但其含义需要我们了解学习。

野兽

　　根据史料记载，有不少的儿童在幼年被人遗弃或被野兽叼走，最后被野兽"抚养长大"。众多野兽中，狼是抚养人类长大的最常见的一种野兽。有时，幸运的话，这些在野外生存的孩童会得到人类的救助并返回人类世界。研究发现，如果这些孩子很晚才得到人类的救助，那么他们将很难学会人类的语言，相反，他们或许可以与他们的野兽朋友进行交流。其中最奇特的一个案例要属俄罗斯的"鸟孩"事件。据报道这个小男孩从小被其母亲关在一个满是鸟的笼子里，而这个母亲从没和他说过一句话。当这个小男孩在 7 岁被人发现时，他一边在喳喳地鸟叫，一边不停地像扇动翅膀一样挥动着自己的双臂。

第二部分

行为

第 15 章

你是如何做决定的

哲学的实际应用在于决定我们如何做事。哲学具体能给我们带来怎样的帮助呢?

虽然说哲学是一种思维活动，但这种思维活动却影响着大多数人日常生活的方方面面，比如说人们是否愿意捐赠自己的器官或给慈善机构捐赠多少善款这样的事情。

制定决策

索伦·克尔凯郭尔认为人的一生会面临各种各样的选择，不知如何选择是人类所面对的一种现实困境。他说："无法冷静地做出清晰的决策才是我真正欠缺的一种能力。"

生活中那些单纯的选择性决定是不能上升到哲学高度的。比如，对于"你是打算立刻上床睡觉，还是熬夜再看场电影"这种问题也许就取决于你第二天是否需要早起上班。但生活中还有许多决定是带有道德色彩的，即若要你在两种决定中做出选择的话，其中的一种决定可能会比另一种决定更加合乎道德规范或更加违背道德规范。哲学可以帮助你对于涉及道德是非的问题做出正确的选择。

那你怎样才能做出正确的道德选择呢？

道德和伦理

尽管有些哲学家想在"道德"和"伦理"之间划清界限，但是这两个词之间并不存在什么实质性的差异。因为"道德"和"伦理"这两个词的词源相同，并且在使用中通常可以互换。不过"伦理"这个词更多的时候会用在理论化的语境中（比如"伦理委员会"这个词）。

遵守规则

人作为一种社会性的动物，在社会生活中我们每个人都要遵守大大小小、各种各样的规章制度。这其中包括：国法、宗教教规、社会规则和习俗、不同行业的职业守则，另外还有"杂七杂八"的各项来自房东、家庭、学校、单位或当权者的规定。不同的规定其重要性和影响力也会有天壤之别。如果我们违反了法律法规，我们将会受到司法处罚；但如果我们只是违反了一般性的社会规范，那我们也许只会招致一些道德舆论的谴责。但请不要低估生活中传统习俗带给我们的影响：在 16 世纪的中国封建社会，女性在幼年都会在母亲的陪伴下进行缠足，如果哪个母亲没有给她的女儿缠足，那么这个女儿虽然可以免受缠足的痛苦并能自由地行走和奔跑，但等这个女儿长大成人后，她或许会因不能结婚而苦恼。由此可见，这种没有法律约束力的习俗也会严重制约着我们的行为。

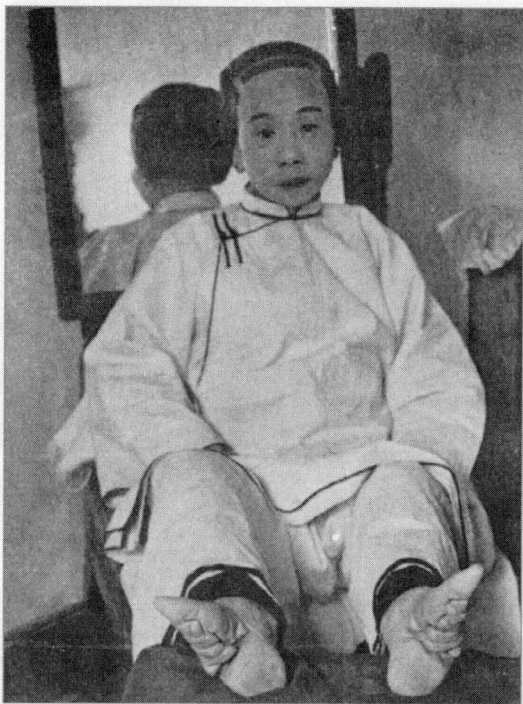

社会压力会导致人们做出一些不道德的事情——例如上文提到的给幼女缠足的现象。我们平日对发生在自己身边的这种违背伦理道德的事件并不敏感，只有当这种事件给我们带来"严重的大面积伤害"后，我们才会幡然醒悟。

据称遵守宗教教规的人可以过上合乎道德规范的生活。另外"宗教价值观"可以为其信仰者找到一条通向正确选择的捷径。如果你所信奉的宗教告诉你不要进食猪肉或不要撒谎，那么你自然会不假思索地规范自身的言行。宗教教规也是衡量一个人言行举止的标尺。根据一套道德体系或一种责任感来判断一个人的行为是否得当的方法就叫"义务论"，或叫"义务论式的伦理学"。

对有些人来说，简单的快乐也会带有道德的色彩。如果这些人觉得自我放纵是一种有违道德的事，那他们甚至会把某人"去电影院看电影"这样的行为提升到道德的高度加以评论。当然也会有人认为隐藏在现代生活下的资本主义体制是一种不道德的、剥削性的制度。

道德是宗教的专属品吗

几千年以来，宗教和道德就像一对形影不离的孪生兄弟。有的人认为宗教是道德赖以生存的源泉，或者说人们只有在宗教信仰的激励下才会有提升个人道德素养的意愿。下面就让我们来看看这种观点是否能站得住脚。

为什么信奉宗教的人要去遵守道德法规？许多宗教都会奖励信奉它的教徒（比如以救赎作为一种奖赏），同时也会惩戒欺善怕恶的人（比如将这种人罚入地狱）。这样教徒之所以选择遵守教规可能只是为了能得到一种奖赏或躲避某种惩罚，并不是出于对"上善若水"的美好追求。如此一来，道德似乎就失去了它的存在价值。也许他们遵守规则是出于对上帝的敬爱或想取悦于上帝。如果是那样的话，奖赏和惩罚还有存在的必要吗？同理，没有宗教信仰的人们之所以还会一心向善或许是为了讨好他们的朋友，又或许是因为对美德的挚爱。人道主义者不会因奖赏和惩罚而去追求美德，所以也许人道主义者要比宗教信徒的品德更加高尚。这样当然就没理由认为道德是宗教的专属品了。

如果你是犹太教徒或穆斯林，那么你会认为进食猪肉香肠是一件不道德的行为。如果你不是，那你就需要保证你的个人价值观不会与你进食猪肉香肠的行为相抵触。至于会不会发生抵触就在于你是如何思考这两方面问题的：你是否认为吃肉这种行为正确？猪是否受到了人道的对待（此外你对"人类如何对待猪"这个问题是否关注）？

宗教都是义务论式的伦理学。信徒遵守上帝的训诫是一种义不容辞的责任。但是这个世界不只存在一种宗教信仰，并且不同的宗教信仰对"好"的诠释也不尽相同。这也就是说要么某些（或所有的）宗教信仰都是不正确的，要么某一人对"好"的理解未必与另一个人的理解一致。当然，每一个信徒毋庸置疑地会认为自己所信奉的才是真理，但作为一个没有宗教信仰的局外人在不同宗教之间又该何去何从？

莫让规则牵着你的鼻子走

在理想的世界，只要我们遵守规则就可以做出"正确的"决定。如果这是一个构建完善的道德体系，那我们只要按照它的指引就能正确行事。但这仅仅是一种假设。通常，规

> 一个人遵循上帝旨意的目的要么是出于道德的动机，要么不是。如果是的话，那说明这个人先前已经具备了道德的动机，这样信仰上帝与否对这个人已没有多大意义。但人们信仰上帝的动机如果与道德无关，那么他们的这种动机必将无法提升公民道德素质。最后，我们能得出如下的结论：如果在这种情况下（即不是因为推崇道德风尚）去信仰上帝或祈求得到上帝的恩典，最后无非是徒劳无益或事与愿违这两种结果。
>
> 伯纳德·威廉姆斯

则都是为了服务于某个利益集团而制定的，即使连作为各大宗教核心的道德准则也不例外。弗里德里希·尼采认为推行基督教也只是当政者的一种政治手段。比如，统治阶级会通过"来生是美好的"这种欺骗性的甜言蜜语来安抚被统治者的不满情绪，从而让被统治者安然地顺从于统治阶级。有些研究发现社会中的犯罪活动、不道德行为还有宗教这三者之间存在着一种必然联系。随着宗教信仰的普及和宗教活动、宗教文化的盛行，犯罪率反而会相应地上升。这表明单纯地恪守规则或信条并不能提高人的道德修养。

> 你会发现这样一种奇怪的事实，无论在任何时期，宗教势力越是强大，那么教条般的宗教信念就越是深入人心，统治者的统治手段就会越加残暴，最后这种事态就会变得越来越糟糕……当你放眼世界你还会发现这样一种反常的现象：古往今来，只要人类情感的每一点进步，刑法的每一次改进，战争的每一次减少，反种族歧视运动、奴隶解放运动的每一次推进或人类道德水平的每一次提高，都会遭受世界范围内各个宗教组织的一致反对。
>
> 伯特兰·罗素

三色紫罗兰象征着一种自由思想。从哲学的立场出发，自由思想要求人们在理性和逻辑的基础之上做出思考与决定，摆脱各种偏见、传统思想、习俗的束缚并且不要受到来自权威人士和专家学者压力的影响。

自我发问

哲学家喜欢借助思维实验的方法来验证理论与原则的合理性。下面看看你的价值观会对以下三项思维实验作出怎样的反应。

- 假设你驾驶着一辆有三名乘客的汽车正在路上奔驰。突然，前方不远处出现塌方，车辆已不能按原定路线继续行驶。此时，即使你立刻踩下制动踏板也无济于事（因为过长的刹车时间依然会带来车毁人亡的后果），但你可以选择驶入旁边的一条岔路。然而不幸的是，有一个年轻人正站在岔路口的中央，如果你向岔路方向行驶无疑会撞到那个年轻人。那么你会选择向岔路方向行驶并不惜撞死这个年轻人吗？或者你还是决定以车上四人的性命为赌注，保持你原来的行驶方向？

- 假设为了参加一个面试，你需要买一件崭新的 T 恤，但是你现在囊中羞涩无力购买名牌服饰。所以现在你唯一的选择就是去一家价格低廉的服装店。当你正想进入这家服装店时，你忽然想起了自己曾经看过的一档法制节目，这档法制节目曾经报道这家商店所销售服装的制造商是一家剥削海外劳工的黑心厂商。这时你因既为这些劳工的悲惨境遇感到愤愤不平，又似乎只能选择购买这种廉价产品的矛盾心理而左右为难。那么你到底要做出怎样的选择呢？

- 假设你有你所在地政府严重腐败的确凿证据。如果你揭露这些事实真相将会面临生命危险，但如果不这么做，腐败风气将严重影响当地居民的生活。那么你还会不会选择揭露这些事实真相？

对以上对这三种假设性问题所做出的选择是否可以用"是非对错"来判定呢？遇到以上这些情况我们每个人会做出怎样的选择呢？

有时我们会遇到一些相互冲突的责任或义务，抑或面对一些难以抉择的问题。也有些时候，迫于规则的压力，我们不得不采取某些违背自身意愿的行动来应对某些情况的发生。比方说，我们或许必须对存在异议的索赔条款进行利弊分析，然后将对我们最有利和最有价值的部分作为最终选择。如果你是某个宗教的信徒，你或许也未必能运用它的教规来解决你遇到的难题，又或许它所倡导的清规戒律会与你所处的现实情况相抵触（详见本书第16章"我们当初应该烧死女巫吗"）。当遇到以上这类情况后，你或许可以从你的精神导师那里寻求帮助，又或许会坚守"求人不如求己"的做事风格。

如果你清楚自己的想法，那么你会做出一些艰难的道德决定。所谓清楚自己的想法即：你清楚自己的价值观，清楚自己的价值观如何形成，懂得如何为自己的观点辩护并懂得怎样将自己的观点相互融合。人生不如意事十之八九。当不幸降临在你身上之后，你需要做的就是依据自己的世界观和价值体系来应对这些不幸；否则你就需要改变自己的价值观或调整自己的心态以度过这道难关。

能助你一臂之力的各种"主义"

19世纪英国哲学家亨利·西季威克（Henry Sidgwick，1838—1900）发现那些不依靠规则作为自己制定伦理决策的依据的人主要分为以下三类：利己主义、功利主义和直觉主义。

利己主义，顾名思义就是指以自我为中心，将个人利益放在首位并不顾及他人感受的行为。道德高尚的人不会选择利己主义。也许起初这种行为能让你占到一些"便宜"，但如果你深陷于这种思想而执迷不悟的话，久而久之你会失去身边所有的朋友。

功利主义就是一种通过道德的途径将绝大多数人的快乐和痛苦（痛苦属于"负的快乐"）的总和最大化的思想（详见本书第21章"我们应该劫富济贫吗"）。这种思想认为如果某项行为带来的幸福大于痛苦，那么它就是道德的行为，反之就是不道德的行为。这种思想的初衷是良好的，却不是万无一失的，因为有时我们很难计算幸福的大小，即使能计算得出也很难认同这种思想就是最佳选择。

直觉主义是一种我们对"是非善恶"的直观感受、一种感觉或是一种常识性的判断。西季威克认为直觉主义和功利主义是一种相得益彰的关系，因为我们的直觉告诉我们伤害他人是一种不道德的行为。

伦理决策——该做、不该做和或许可以做

伦理决策会要求你来判断是非对错，道德与否，或要求你去行善惩恶。比如，你在图书馆的桌子上看到一个装有大量钞票的信封，你可能也知道应该将这个信封上交有关部门，但是交与不交的决定权在你手中。这时你或许会这样劝说自己："既然最后未必能找到失主，那么与其让别人保管这些钱还不如让自己来保管。"你也可能会这样想："那些丢钱的人是因为他们粗心大意，就算找不回这些钱也只能怪他们自己。"又或者你会选择上交这些钱，不管最终是否能归还给失主，总之你觉得自己将它据为己有是不道德的。

依据道德的衡量标准，行为分为以下三类：

- **应该做的事**——比如你认为你必须去做的事；
- **允许（但不是必须）做的事**——比如你认为你可以去做的事；
- **禁止做的事**——比如你认为你坚决不能做的事。

人们对某些行为判定标准是一致的。比如，绝大多数人都会认为谋杀是罪恶的，所以谋杀是一种被禁止的行为——你绝不能杀害别人。但在许多情况下，人们对某种行为的道德判定存有异议。也许是出于健康的考虑，对有的人来说，有些食物是禁食的，而其他人却可以食用。在这种情况下"禁食与否"的这种选择就不会攀升到道德层面，当然也不能用"好"或"坏"来判定。有时，人与人对某些现象或行为的看法会出现严重的分歧。有些人认为对婴儿或幼儿施行割礼是符合伦理道德的，因为这是他们的宗教信仰。然而也有人认为这是一种应该受到谴责并应严令禁止的行为，因为这是对人身体的一种残害。人们对于伦理问题的激烈争论一刻没有停息。伦理问题与宗教信仰的相互碰撞甚至会引发长达数百年的战争。

道德的逻辑有时看上去是混乱无序的。保护动物免受伤害是一种正确的行为，但是这种行为有可能会损害人类的利益。

实际发生的与应该发生的

社会会因不同的文化准则而不同，通常这种文化准则会以法律法规的形式表现出来。长久以来，我们都自信地认为"我们将自己应该做的事做好就是遵守法律"，但有时我们应该做的事未必是我们认为正确的事，就是因为事情最后的实际结果也许会与我们的预期背道而驰。

两百年前，美国还处在奴隶制社会。但这并不意味着奴隶制度在过去或现在是一种正确的存在，而它的灭亡是因为多数人认为它是一种错误的存在。为了社会的进步，有些人必须站出来推翻这种奴隶制度；而且也必须有人能清醒地认识到——所处的奴隶制社会并不是一种正确的存在。具有了这种认识，他们就会试图改变现状。如果你认为应该改变某些事物，那么你首先需要建立一个良好的道德依据，这样你才能去说服别人认同你的观点。而在你做决定之前，你需要清楚地了解自己的所思所想。这样哲学才会有其用武之地。

第 16 章

我们当初应该烧死女巫吗

发生在不同时代背景下的
事情应该被看作是好事，还是
坏事？换言之，人们对好事或
坏事的定义是一成不变的吗？

我们这个社会提倡大家"做善事，行善举，做一个品德高尚的人"，但是一些与道德相关的本质问题会使事情复杂化。正确的行为是不是随着时代的变迁一直不变呢？那么为何以善为美？

为何以善为美

　　我们千辛万苦区分哪些是善意之举，但我们中的大多数人却鲜于思考"好"或"善"的意义。20世纪英国哲学家乔治·摩尔（George Moore）认为这是一个我们无法定义的问题。其实，分辨是非对错是我们一种与生俱来的能力。摩尔认为我们不需要借助科学或伦理的途径来认识"美"的本质，因为"善"就像是"一个简单的概念，如同'黄色'这种颜色的称谓一样……你是无法解释何为'善'"。这个观点似乎听起来有一点站不住脚，因为这种感受的产生以及是否所有人对善的感知都一致，我们无法从这两个问题中找到任何有价值的线索。

　　有一种建议是：在一个理想的观察者看来是好的事物就是所谓的好，但前提是我们假设的这个理想的观察者需要拥有完备的知识和足够的理性。还有一种提议是：只有那种无所不知的存在（或那种类似神灵的存在）认为是好的事物才是所谓的好。这样"神令论"也就应运而生。"神令论"代表着这样一种认识，即认为世间万物的好坏都是由神来决定的。尽管如此，但这种观点并不能算作是我们问题的答案，因为我们还是会不禁发问：由神所决定的

重大问题之元伦理学

在哲学家看来伦理学理论有三大分支。

- 其一，元伦理学。它所涉及的都是一些关键性的问题，比如善的本质、善与恶的区分、不同时代或不同地域对善的定义是否一样，以及"善"这种非实体的物质是否真的存在。

- 其二，规范伦理学。这个分支强调人们应该去思考究竟何为善或何为恶的问题，比如"嫉妒是一种丑陋的存在吗？""慈善捐助是一种善举吗？"等等，有关善恶、好坏的评判问题。

- 其三，应用伦理学。它是伦理学理论在生活中的应用，指导着我们的生活，引导着我们的行为。它遵循规范伦理学中的基本原理并将这些基本原理付诸实践。而应用伦理学本身也有不同的分支。比如，生物伦理学关注的就是这类问题：我们是否应该将人类的胚胎用于医学研究，以及我们是否应该培育转基因生物。

"好"是因为这种事物本身就是好的，还是说"好"只是神的一种单纯判断？如果是第一种情况，那么还有一种"好"是不受神所控制的，因为神灵对"好"本身并没有裁决权。如果是第二种情况，那么事情看起来会太过主观和武断，因为如果说神所认定为"好"的事物或现象都为好的话，那么是不是可以把行窃、烧死女巫或坑蒙拐骗这样的行为也归为"好"的行径呢？

如果我们认同了"神令论"，那么另一个问题会接踵而至。不同的人群会有不同的宗教信仰，不同宗教所信仰的神灵也会千差万别，但这些不同的神灵不可能都成为道德的最终裁决者。事实上，大多数人只会承认他们所信奉的宗教是这个世界上唯一正确的宗教，也只有这样的宗教才能制定出合理的道德体系。然而"神令论"并不会因这种多元化的宗教信仰的存在而被推翻，只不过这种多元化的宗教信仰会对人们认识"神令论"带来难度。

要是我们解释不清为何以善为美的话，那我们不妨思考一下世间是不是真的存在"善"？而更大的问题在于我们是否能肯定这种非实体化的抽象概念的存在。

道德是一种事实存在吗

我们很难回答伦理道德是否是建立在真实事物之上的一种存在。但大多数人会认为处于这个物理世界中的物体都会依照一定的规律运行，比如太阳系中各个行星的空间位置和排列会遵循物理学定律，再比如人体会以某些方式对所摄入的脂肪和糖进行消化吸收。以上这些情况属于一种客观存在的事实。这种客观存在的事实也同样适用于伦理道德吗？是否存在一些客观事实下的准则来指引我们成为道德高尚的人？所有的宗教信仰都竭力劝服我们相信这样的准则是存在的。此外，各个宗教下的道德体系都是由它们的神灵所设立的，而目的是让

啊，究竟何为"真理"？

毫无疑问，哲学也可以帮助我们解决究竟何为"真理"这样的问题。以下两种观点相悖的理论对我们理解这个问题具有重要的意义。

符合论的真理观认为：一项陈述必须与现实世界中的事实相符合才能称为真。这种"真"就是大多数人眼中的"真理"。比如"落叶树每到秋季都要落叶"这个陈述就为真。再比如"每到秋季的落叶树木是非常漂亮的"这个陈述就不能为真，因为漂亮与否这是一个见仁见智的问题。

融贯论的真理观难以解释，更难以理解。它所要求的前提是必须存在一种关联体系，体系中的陈述均为真且相互联系；并且在该体系中的单个陈述只能为真。在这个模式中，体系中的量子物理学理论与经典物理学理论均为真理（尽管二者的研究对象不同）。量子物理学理论中的陈述只有在量子物理学理论的背景下才为真。所以我们可以说"彼此分离的粒子会瞬间积聚在一起。"而这种原理在量子物理学的背景下才为真，因为暂且不论该体系本身是否属于宇宙中的一种正确模型，但在逻辑上它受到量子物理学体系的支撑。

"不可杀人"这样的陈述在符合论的模式下不能为真。因为该陈述试图让世界接受"你不会杀人"这样的事实。而如果有人确实杀了另一个人，则该陈述就为假。在融贯论的模式下，"不可杀人"这样的陈述可以为真。

人们明辨是非、认识真理。

有些哲学家认为理想化的正义、真理和美德等这些抽象的事物是一种独立于人和社会（甚至神灵）的存在，就像摩尔所说的这是一种先天的存在。或者这些抽象的事物会存在于柏拉图所认为的山洞之外的形式王国。在这种情况下的"善"是需要我们去发现的。

还有一种备选的观点认为：世间本没有"善"或"恶"，而且像"杀戮是一种罪恶"或"杀戮是一种善举"这些表达都不具有任何真实性，但即便不真实也会包含某种意义。我们也许会把"杀戮是一种罪恶"这句话当作一种约定俗成的句式，言下之意是说"人类不要自相残杀"。或许也可以从感性的角度来理解这句话，它表明的是一种反对的态度，意指"我们憎恶杀戮这种行为"。所以，我们如果将"杀戮是一种罪恶"这句话转换成"人类不要自相残杀"或"我们坚决反对杀人的这种行为"这样的表达，那么对方也许就能更准确地理解我们的想法。

万能的道德准则存在吗

在这种规则制度背后是否存在一套真实、万能的道德准则？参照这套道德准则，是否存在某些事件或行为，无论何时都是正确的或者都是错误的？只要我们想方设法是不是就可以获得一套犹如万全之策的道德准则？

如果世间真的存在一种万能的道德体系（即不受时间与地域的限制），那么就算挖地三尺我们也应把它找到。然而如果道德准则并不唯一而是一种相对化的存在，那么它就会因文化的不同而不同。

对于"万能道德准则"的探讨与探寻不仅对我们认识和善待他人、了解他国文化有深远的意义，而且很大程度上可以促进和增强一国文化的包容性和多样性。我们究竟怎么做才算是对他人道德观的尊重、认同和保护呢？

物是人非

在古希腊，像奴役奴隶或成年男性与男童发生性行为都属于司空见惯的现象。在那个时代背景下这些事并不为过。这是不是意味着这些事本身是错的，而在原始的道德体系下，人们落后的思想还不能帮助人们看到这些现象背后人性的丑陋？或者说在当时的社会制度下，那样的行为并不算错，但是在今时今日呢？如果我们站在绝对主义的立场，要么说古希腊人将奴隶作为男同性恋对象的这种做法是完全错误的，要么说由于我们当代人思想相对"保守"或"狭隘"，所以不能接受古希腊人的这种做法。如果我们站在相对主义的立场，古希腊人的这种做法无可非议，但是它并不适合我们现今的社会。

阿拉伯世界的女性和欧洲社会的女性所受的待遇迥然不同，正是由于这些有别的待遇和习俗使得来自不同文化的人们在共同生活和工作中产生摩擦和分歧。

另外我们很难置身事外地（即脱离自己当前的社会背景）看待别人对古希腊人的这种做法会作出怎样的评判。同样的道理，或许两百年以后，我们的后人也会为我们当今的某些行为感到惊奇甚至于羞耻：比如将动物作为餐桌上的美味佳肴、不计后果地开发自然资源以及将酒精和烟草合法化。除此之外，或许还会有一些行为会遭到我们后人的反对，只不过鉴于人类当前的道德体系，我们还无法将这些行为具体化。

终有一天，人类之外的动物会获得它们本可以享有却被暴君（人类）掠夺的权利。法国人已经认识到，一个人不能因为黝黑的肤色就被人肆意折磨却无法得到救助。终有一天，人们会认识到，腿的数量、皮肤上汗毛的数量或骶骨尾端的结构，等等，这些外在的特征均不能成为一个有感知的生命体遭受悲惨命运的理由……

杰里米·边沁

烧死那些女巫

作为一个宗教的信徒，他或她信仰宗教其实就是为了让自己一生积德行善。而不论哪个宗教都会致力于推行这种"积德行善"的宗旨。但由于宗教经文本身晦涩难懂且语义中存在歧义和矛盾，以至于不同宗教教义带给人们对法则法规的不同解释竟然引发了不计其数的宗教战争。

所以，17世纪古英语中的"Thou shalt not suffer a witch to live"，字面意思是说"你不应该容忍女巫的存在"，而现在人们已经不再使用这种用法了。同样"把水搅浑"也只是"muddy the water"的字面含义，而现在这个短语已引申为"混淆视听"。不同文化导致的语言差异中最具代表性的一个例子是：在希伯来语中人们会把"女巫"（witch）这个单词译为"投毒者"（poisoner），这样其意思完全改变，由此造成的可怕结果是4~6万个"女巫"被当作"投毒者"处以死刑。

在当代的法律制度下，"女巫"被认为是无辜的。但是那些杀死女巫的人会坚信她们罪有应得，那么这种杀害女巫的行为道德吗？那些"烧死女巫"的人是不是可以将道德相对主义和意向论当作为自己辩护的最佳理由呢？

那些痛斥本国工作环境恶劣的人却愿意购买由国外血汗工厂生产的廉价衣物。试问这种人的道德观与自己的行为一致吗？国外劳工之所以还能忍受那种恶劣的工作环境是因为这是他们不得已的选择吗？否则他们是不是要面临贫困和饥饿这种更糟糕的情况？这样想是不是能让我们的良心得到一丝宽慰呢？

人道主义观

第一位提出"文化相对主义"这个概念的西方哲学家是 16 世纪的法国作家米歇尔·德·蒙田（Michel de Montaigne）。在大航海时期，当远行的航海家带着"发现新大陆"的传奇经历归来时，蒙田对宽容做出了这样的论述：

有良知的法则，在我们看来是一种源自于自然的习性。每个人都会潜移默化地受到身边人的影响，即人们都会对'被周围人认可和接受的观点以及行为'产生一种内心深处的敬慕。

蒙田认为所有的道德准则和判断力并不具备同等的效力，但每个人都应该审视和反

宗教有其特别之处吗？

犹太人自诩自己那种"不给动物带来痛感"的宗教屠宰方法会比传统的屠宰方法（即将动物击晕后再进行宰杀）更加人性化。而有些国家的犹太人也会入乡随俗地做出一些改变，遵循当地法律法规采取传统的屠宰方法。即使采取了这种折中的解决方案，但最终宗教情感还是会凌驾于动物的生存权之上。无论如何，屠宰牲畜的这种行为正确吗？要说宗教特别，它的特别之处又在哪里呢？

省自己的行为是否与特定的场合相符。这种人道主义观点赋予了每个人一种认知道德的权利，只要其具备善于思考的能力。

分界线

随着时代的发展，当我们以一种开放的心态允许不同的宗教道德准则共存时，包容和体谅就成了重要的议题。通常包容和体谅不同的观点很容易，但要通过自己的实际行动来表现出你对一个人宗教信仰的尊重会比较难。比如说，一个非穆斯林对其穆斯林的同事在斋月期间的禁忌置若罔闻，那他或她的这种做法就不够体贴甚至是无礼。如果一个人的道德准则伤害或侵犯到了他人的权利，那么问题就会变得更加棘手了。

除了上述情况之外，还有一些行为是可以用"不道德"和"令人厌恶"的字眼来形容的，比如切除女性阴蒂的行为。这种行为在某些国家虽然已被接受但仍然会受到道德的谴责。实行女性阴蒂切除的群体更愿意巧立名目地将其称作是一种女性生殖器手术，以求达到

在中世纪，欧洲的圣战士（即参加十字军东征以从伊斯兰世界中收复圣地的战士）屠杀了成千上万无辜的非基督教信徒，他们以宗教的名义，将这种残忍的杀戮行为美化为"死亡可以让这些非基督信徒的灵魂得到救赎，并能使他们见证到真理的存在"。其实这些圣战士的真实目的就是掠夺和洗劫无辜百姓的财物。圣战士对所宣传的改革运动抱有忠贞不渝的信念，并认为参加圣战一方面是道德赋予自己的责任，另一方面还可以通过圣战来拯救非基督教信徒的灵魂。

捍卫权利而非政治对抗

　　法国的一项法令禁止人们在学校佩戴任何宗教性的饰物，这项法令遭到了人们的反对，美国一个名叫莎伦·史密斯（Sharon Smith）的反种族主义的活跃分子说：“反对这项法案的女性是对‘国家性压迫’的反抗，就像生活在阿富汗的妇女反对布卡这种穿着一样。”问题的关键不在于强迫或禁止人们穿戴什么，而是应该将“穿戴、着装”这些事务当作一个人自由选择的权利。

维护自己权益的目的。在什么情况下，一些人接受不同宗教信仰的权利将不再受到认同？欧洲颁布了禁止切除女性阴蒂的法令；与此同时，索马里和埃塞俄比亚等国家（在这些国家切除女性阴蒂是一种屡见不鲜的行为）也采取相应措施制止这种事件的发生，但是最后所带来的结果会有差别吗？我们有权将自己的道德观强加于其他文化之上吗？又或者说，在某些情况下，我们或许是不是有一种道德的义务可尝试性地将自己的道德观强加于其他文化之上（世界卫生组织在 1994 年已通过禁止切除女性阴蒂的决议法案）？

　　2004 年法国颁布了一项法令，禁止学校场合的人们佩戴或穿着带有宗教色彩的饰物或服饰。这项法令被广泛理解为禁止“穆斯林妇女佩戴头巾，也适用于十字架和其他形式包头巾”。

规则的对立面

约定俗成的道德准则尽管可以简化人们的生活，但是有时却会把人们带入两难的境地，尤其当这些准则与特定的场合或情景相冲突时。这时采用"决疑论"（即在特殊情况下一般道德准则无法化解矛盾的一种处理方法）可以帮助人们解决出现在多种场合中的问题。决疑论的方法会要求对每一个案件进行独立审理，并要权衡所有相关的知识和事件所处的客观环境，这样才能保证最终做出合理的决策。决疑论存在于法律体系之中，但不必拘泥于道德准则的框架之下。医学伦理委员通常会运用这种方法来解决某些事务。比如说，是否需要给病人采用化疗的治疗方案。病人的病情因人而异，所以表面看似相同的病例若不运用决疑论的方法加以认真诊断，最后很可能会延误患者的病情或有危及他人生命的危险。

在 1962 年对阿道夫·艾希曼（Adolf Eichann）进行审判时，玛莎·盖尔霍恩（Martha Gellhorn）说："那个偷了被送往毒气室的孩子们的鞋的人应该被处以绞刑。"

对于道德问题，我们会本能地采取"具体问题具体分析"的科学方法。决疑论的方法就是我们很好的选择。假设有一对没有子女的夫妇想通过体外受精的方法（体外受精是受政府资助的项目）给他们带来一个孩子，与此同时，还有一对夫妇虽然已有了三个子女，但是他们还想借助体外受精的方法为家族"锦上添花"。对于这种情况，我们无疑会优先考虑那对没有子女的夫妇的意愿。但现在，再假设这对没有子女的夫妇整日酗酒成性，而那对拥有三个子女的夫妇经检查均患有致命的遗传性疾病，那么我们或许会考虑将这个体外受精的名额优先让给这对夫妇。

规则只有一条

对于"何为正确，何为错误"这种问题的一种处理方法就在于你自己想得到一个怎样的结果。但结果未必能让所有人感到满意，因为个人的倾向和喜好都不尽相同，不过能使用这种方法也至少是解决问题的一个良好的开端了。

这种自从古巴比伦时代就被多数哲学家和宗教所提倡的方法通常被称作"黄金定律"。它是一种讲求互惠原则的学说，意思就是说这是一个"两方共存、礼尚往来的游戏规则"，主要包括以下两方面内容：

• 人际交往应注重礼尚往来；

• 己所不欲，勿施于人。

伊曼努尔·康德也阐述过类似的观点，"我们只有使自己的行为与自己所恪守的准则永远保持高度的一致，这样这种准则就会成为一种普世的法则。"

康德把他的这种规则称为"绝对命令"。尽管他不承认他的"绝对命令"与"黄金定律"相同，但这二者都包含有互惠的思想，即你想得到什么或你想得到怎样的礼遇都无关紧要，重要的是怎样做才能达到共赢的效果。

IDEAS TO SAVE YOUR LIFE

THE 15-MINUTE PHILOSOPHER

第 17 章

"我不是故意的"

这句话说了有用吗

评判他人所作所为，或意图和结果，哪个更有效呢？

有时候，我们都会因自己无意间的行为伤害到别人，或使别人心烦意乱。对此你或许会满脸无辜地为自己申辩道，"可我也不是故意的"，并期待事情得以好转。其实上，我们也都会有被别人无意伤害的经历，而当他们对我们说"对不起，我不是有意的"此类话语时，我们或许都会觉得这种亡羊补牢的态度已于事无补。那么在"意图"和"结果"这二者之中，意图对我们评判他人所作所为有多少效果呢？

意图和结果

　　假设有这样一个情景：两好友外出喝酒，经过一番推杯换盏，两人相互道别，各自开车回家。在回家路上，因醉酒驾驶，其中一个好友开车撞死了一个女人；而另一个人因在空旷的马路上闯了红灯被警察拦了下来。最后第一个人因危险驾驶导致他人死亡而被判处长期监禁；而对第二个人采取了罚款和吊销驾照的处罚。

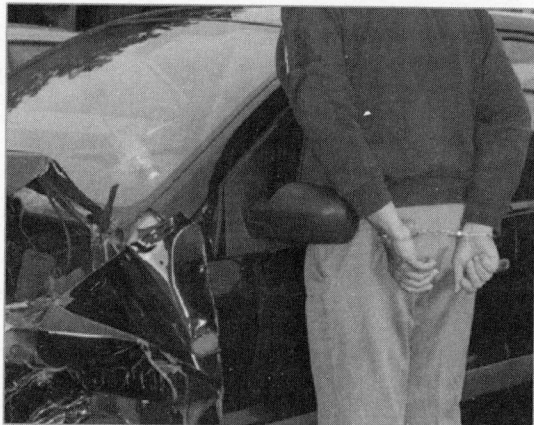

　　就在同一天，某男性和他的妻子因某事发生了激烈的争吵。后来他妻子决定离

家出走，而恼羞成怒的丈夫随后驾车尾随他的妻子，然后竟然蓄意将他的妻子撞死。最后他因谋杀被判处终身监禁。

第一个案例中的两个司机持有相同的意图，即都想尽快回家却不想花钱乘坐出租车或找代驾，但最后他们相同的行为意图却酿成了不同的结果。而第二个案例中司机的意图却是开车撞死他的妻子，但最后他的结果和第一个案例中第一个人的结果是一样的。通过上述三个人的故事，我们应该如何评价意图和结果对一个人品行的影响呢？

那个被判处长期监禁（不是终身监禁）的酒驾司机只怪他自己倒霉——谁让他会遇到行人过马路的情况；而另一个酒驾司机则太过幸运（未造成任何人员伤亡），所以对他的处罚较轻。对于同样是撞死人的另一个司机，因为他本身有谋杀他人的动机，所以被判处的刑期才会更长，是这样的吗？

意图重要吗

在伊曼努尔·康德看来，只要我们的意图是良好的，那么我们行为的最终结果并不重要。这样的话，如果一个人跳入水中是为了挽救一个溺水者的生命，那么无论这个溺水者最后是否能被救活，这个救人者的行为都是值得称赞的。对于那些事与愿违的情况我们又该怎么评判呢？如果某人的初衷是好的，但后来无意间却伤害到了他人，那么其行为也应被看作是"值得鼓励的善行"，因为他或她做事的本意是好的。同理，如果某人本打算做坏事，最后却适得其反——结果是益于他人的，不过他的行为意图仍然是不道德的。

你是自身行为的主宰者

康德是意图论的拥护者，所谓"意图论"就是指对于人类行为的道德判断取决于行为背后的意图。具体来说，任何行为都取决于行为的实施者而不是行为的客体。意图论可看作是一种"以自我为中心"的、理想的哲学观点。因而对行为的判断就在于对行为主体的判断。行为背后的意图可以决定同一种行为是"善"还是"恶"。

如果我们是彻底的意图论者，那么上文中的两名酒驾司机就要受到同样的惩罚：要么都

依照康德的观点，即使图中的一个小孩因吃分享得来的糖果而窒息，但分享的行为是善意的。

进行罚款的处罚，要么都去坐牢（因为这两人酒驾的意图相同，即贪图方便而放弃乘坐出租或代驾的选择）。

结果至上

与意图论相反的观点是效果论，即最终结果是判定行为是否道德的重要依据。在纯粹的效果论框架下，行为背后的意图并不重要。而在某种程度上，这种注重结果的观点似乎更能体现我们所倡导的公平和公正的价值观。依据效果论的观点，上文那个因酒驾将人撞死的司机应受到更加严厉的处罚，因为他或她给社会或他人带来的伤亡和损失更惨重。

但当下所讨论的问题不仅仅是用意图和结果的观点所能概述的，酒驾行为其实还会涉及对正义、报应和威慑这些话题的探讨。我们法律对犯罪行为的处罚不单单要考虑犯罪行为对社会或人身财产安全所造成的直接危害，还要考虑因犯罪行为所引发的一系列间接性影响（比如，如何做到恰到好处地打击违法犯罪行为的同时又能有效地防止一切罪案的发生）。一方面，对于情节轻微、没有刑事责任的违法行为，法律自然会从轻处理。但这样一来，如果量刑过轻，受害者或许会产生一种未被重视的感觉；同时，以后可能无法对类似违法行为起到威慑作用；另一方面，如果我们处罚手段过于严苛或许也会造成适得其反的结果。比如，要是所有酒驾的司机都会不分青红皂白地受到与其违法情节不相符的处罚（如上文因醉酒驾驶而伤人性命者所受的处罚），那么这样自然会衍生出其他的犯罪行为——比如肇事逃逸（即使事故本身并不严重）。

过去，人们都认为死刑是一种严厉而不公的处罚手段，因而就连陪审团也会在同情心的驱使下为涉案情节严重的犯罪嫌疑人洗脱罪名——以尽量减少冤假错案的发生。这样，原本会按死刑处理的案件最后会改为死

来自古中国的启示

效果论最早的版本是由公元前 5 世纪中国哲学家墨子提出的。他并不关注人性的善恶，而是宏观地着眼于人类各种行为对社会造成的影响。善行使社会稳定有序，使人民富足、人口增加。他生活在一个战争连年、饥寒交迫的年代，当时人口的稳定增长是决定一个国家存亡、不被邻国吞并的制胜法宝。

缓或取消死刑。经历史考证，1770—1830 年的英国，在原本 35 000 起死刑判决中，最终实际执行的只有 7 000 起。情节较为严重的罪犯会被流放到澳大利亚（澳大利亚当时是英国的殖民地）。而到 1823 年，英国将此法案修订为"除谋杀和叛国罪之外的罪行将免除死刑"。

高瑟爵士：英雄还是恶魔？

在中世纪的欧洲流传着一个叫"高瑟爵士"的故事，这个故事不仅讨论了意图论和效果论的两难困境，而且还引入了对自由意志和决定论的思考。高瑟爵士是他母亲和一个魔鬼的产物。婴儿时期，他的种种行为已令人发指，比如"推挤修女坠崖"和"欺辱奶妈"。不过这也不足为奇：毕竟他是魔鬼的后代。其行为并未因年龄的增长而有所改观。甚至有人认为他之所以十恶不赦是因为他只是一由魔鬼控制的人类躯壳。但高瑟也为此疑惑不解，如同一位叛逆期的少年——想通过自己令人生厌的表现来博得别人对他的关注和关心。为了引人注意，他决定"改过自新"。后来他良好的行为表现反倒令众人错愕不已。那么像高瑟这种内心邪恶、行为正直的人物可被看作是好人吗？或者说那种佯装"积德行善"的行为也可归为善行吗？

血腥的法规

　　18 世纪，随着犯罪率的不断上升，英国开始强制实行死刑。截至 1800 年，共有 220 起死刑的判决，其中会被判处死刑的对象有：凡是与吉普赛人为盟时间长达一个月的人，被确凿的证据证明内心邪恶、年龄在 7~14 岁的未成年人，及任何掩盖自己犯罪证据并想逃脱法律制裁的人（据推测，最后两例死刑案例分别是：因掩盖自己犯罪证据被判死刑，犯有重罪被判死刑）。起初设立死刑只是为了打击和震慑犯罪，但最终结果却不尽如人意。就像 17 世纪英国政治家乔治·萨威尔（George Savile）所说，"盗马贼若不被处以绞刑，那马或许还不会被盗。"

如何评判结果

　　对于"如何判断结果的好坏"和"谁是最终的裁决者"这两个问题，效果论并未给出答案。这就需要借助功利主义的方法，即权衡事情的结果给不同的人群或群体造成的影响。也许还会存在长期影响、短期影响，正如同一个物体在不同角度下会产生不同的投影。

　　有些事情的结果或许可以预测。但有时，人们还是无法预见自己的所作所为会带来什么样的后果。假设在阿道夫·希特勒还是个孩子的时候，有一天不慎落入一条水流湍急的河中，这时正好有个路过的好心人救了这个孩子。短期来看，这无疑是一种善行，而且这个见义勇为者应该受到称赞。但是如果我们有先见之明——能预见这个孩子将来会发动第二次世界大战和大规模屠杀犹太人这样的后果，那我们可能会觉得当初他要是淹死在河中未尝不是一个更好的结果。不过人非圣贤，谁又能预见遥远的未来呢？

　　无论是否人们能预见某种行为的结果，效果论的强硬派都会认为糟糕的结果必然是由错误的行为所致。但是对于上文提及的情况，几乎不会有人会对那个在水中奋力挣扎的孩子视而不见，因为也没人能想到他后来会成为一个十恶不赦的战犯。

　　现在，假设你给一个孩子买了一件价格低廉的玩具。由于粗心大意，你没注意到这件玩具其实是一件粗制滥造的残次品。在这件玩具散架后，小孩被散落的零件给划伤。这样的结果按理是可以预见的。别人或许一眼就能看出这是一件残破的玩具，但你却没有留意。不过纵使别人能看出问题，但也未必能预见之后要发生的事情，或者说他们也不会希望像"小孩被划伤"这样的事件发生。现在来看，给小孩买这种廉价玩具的行为道德吗？又假设你确实事先发现这是一件残破的玩具，但还是不以为然地把它买来送给了那个孩子，这样的做法是否道德？（即使你本意不想伤害那个孩子，但是作为成人的你，完全有能力预见到"这个玩具可能会伤害到孩子"这样的结果。）除非你确实希望小孩被划伤或你蓄意制造这种能伤害到小孩的可能，那么最后自然会发生那样的结果。

　　谁能告诉我们事情可能发生的结果是什么？如果我们把这个问题抛给大家，大家可能会让我们去求助智者，即学识超群的正直之人，因而其预见力通常在普通人之上。有些哲学家会假定这个世界上存在一种博学多才且公正不阿的旁观者，就是所谓的法官。这更像是一个理想化的陪审员或是英国法律中所说的那种"普通人"（the man on the Clapham omnibus）——毫无私心、毫无偏见且非常理智的人。还有一些哲学家认为只有全知全能的旁观者才有能力做出合理的评判。如果根据这种观点，常人很难事无巨细地考虑到事情的每个环节和细节，这样也就无法确定自己行为所带来的结果。

第一种观点更加开明也具有可实施性，同时假定人们能采取适当的方法去探查可能出现的结果，那么他们也能对自己的行为负责。因为酒后驾驶而导致的交通故事已屡见不鲜。因此酒驾司机的过错就在于对风险的玩忽职守，如果他是一个全知全能的旁观者，那么这种交通事故是可以预见甚至是可以避免的。如果落水的孩子成为战犯的可能性微乎其微且不可预测，那么将阿道夫·希特勒从河里救出的行为就是善行。

对于效果论的结论就是：如果行为的结果能决定一个人品行，那么就不存在先天正确或错误的行为。在某些情况下，那些看上去无疑是不道德的行为或许也是正确的。

我们应该墨守成规吗

如果我们总是因自己每一次的行为可能带来的影响和结果而惶惶不可终日，那么我们的生活也会因此变得暗淡无光、毫无生气。相反，我们不妨诉诸社会当中的法律法规或宗教信条，并将它们作为判断自己行为的一种捷径，这样许多看似复杂的问题也会被简化。这种捷径被称之为"规则化效果论"。一般我们的规则体系都是依照效果论的思想而建立的：制定的规则必须具有广泛的适用性，即对于各种情况下可能发生的问题和事件都有一一对应的方针和措施加以解决。而我们对事态、局势或事情的发展方向和可能的结果的预判均源于我们以前积累的经验。比如，根据经验和法律法规，酒驾往

往是引发交通事故的元凶，所以"酒驾"已被列入违法行为。但是在有些情况下，对规则我们还不能生搬硬套。众所周知，杀人在任何国家都属于违法行为，但是对于下列情况我们又该做何判断呢？假设一个持枪匪徒冲进学校并对着一间教室里的学生开枪射击，这时一位老师在第一时间开枪杀死了这个匪徒。那么这位老师会被称为是一个无所畏惧的英雄吗？

对每一种行为进行个体化评估的方法被称之为"行为效果论"。上文中那位老师英勇的行为就可用这种方法进行评估。行为效果论可以作为指引我们日常行为的守则，但却缺乏实用性，因为它会要求每个人在做任何事之前先去评估每一种行为所带来的可能性结果。由于人们对各类事件、行为的分析视角和评判标准各不相同，这样我们的生活也会因此变得节奏缓慢且不可预测。

在有些情况下，决策缓慢会导致不良后果。相对而言，一个实践经验老到的人会比一个涉世未深、懵懂无知的年轻人做出更明智的决策。对同一个问题所做出的决定和采取的对策不同，最终所产生的效果自然不尽相同。许多人往往只会将自己或家人的利益放在首位，而规则化效果论旨在将公众或大多数人的利益放在首位。但是对于老师枪杀持枪歹徒这种特别的案例，行为效果论这种评估方法还是非常适用的。

> 承认规则化效果论的最佳论据在于它能比其他观点更好地将我们的道德信念融合起来。此外，它还能帮助我们解决我们在道德层面上出现的分歧和不确定性。
>
> 布拉德·胡克（Brad Hooker），雷丁大学哲学系教授

处于规则化效果论和行为效果论之间的观点是二级效果论，这个观点是由理查德·默文·黑尔（Richard Mervyn Hare）和彼得·辛格（Peter Singer）这两位哲学家共同提出的。二级效果论是对规则化效果论和行为效果论的中和。二级效果论主张：如果一种行为的结果能得到可靠而准确的预测，那么我们就采取行为效果论的方法；如果行为的结果难以预测，那么我们不妨选择规则化效果论的方法。

行为与忽略原则

　　在某些情况下，从道德的角度来看，实施的行为和未实施的行为属于对应关系。如果你拒绝做某事可以挽救一个人生命，比如你对杀手或歹徒闭口不谈他们要找的那个人的下落，那么这种忽略行为就是一种道德行为，这等同于你给那个人安排了一个安全的隐藏地点。但在其他情况下，行为与忽略则是迥然不同的。比如说，在医学伦理学这个范畴，对一个身患绝症的病人而言，如果对其终止治疗、拔掉呼吸机又或者拿个枕头捂在这个病人脸上，最终都是一样的结果——死亡。但是对于这三种做法，医学委员会只会认可前两种。因为第一种属于忽略行为，第三种属于有意行为，第二种则是介于第一种和第三种之间的一种行为。

第 18 章

为了赢得爱情或战争，
我们可以不择手段吗

　　当我们做了许多违背良心的事，事后
总会为自己辩解——只要目的正当，就可
以不择手段。但是事实真的如此吗？是非
对错究竟由谁来抉择？

目的与手段

无疑，"行为的道德性取决于它的结果"这种观点就叫作效果论（详见本书第 17 章 "'我不是故意的'这句话说了有用吗"）。当我们说"为达目的，不择手段"时，这里的目的指的就是预期的结果。

而为了达到预期的结果是否可以不择手段，这取决于以下几方面因素：

- 所要达到的目的是否正当；
- 这种目的是否能实现；
- 手段必须具有可操作性。

假设一个国家要入侵另一个国家，其目的是为了解放他国的百姓（即要推翻被入侵国的残暴独裁统治）。我们也暂且不考虑"入侵方有没有干涉他国内政的权利"这样的问题。假如入侵方以闪电般的速度顺利地推翻了那个国家的独裁统治，并且在此期间没有发生任何流血

性事件，那么几乎没有人会对这样的结果而感到遗憾。但如果有 10 万无辜平民会成为这场战争的牺牲品，那我们就必须要思考这样的做法是否得当。再假设这场战争虽然夺走了 10 万平民的性命，但最后还未能撼动独裁者的统治地位，这样的结果还具有意义吗？试问：我们可以为了"推翻一国的独裁统治"这种本身正当的目的而剥夺掉他国百姓的生存权吗？以上就是一个目的相同但结果有别的情况。

正义之战存在吗

在什么情况下战争才是合理的？对于这个问题我们或许会说"永远不会有什么合理的战争。"但大多数人会接受这样的看法：大敌当前如果我们还不能众志成城、万众一心地抵抗侵略者，那我们的家园很快就会被外敌侵占。"战争合理化"是一种古老的想法，这种想法旨在协调两种相互冲突的原则：

• 残杀百姓是错误的；

• 国家有职责为了正义保护自己的子民。

有时，强权和暴力似乎是保护无辜生命的唯一方法。

古罗马著名政治家西塞罗（Cicero）曾经认为只有"复仇"或"自卫"才是发动战争唯一合理的理由。他所说的"自卫"还

"THEY SHALL NOT PERISH"

> 我们不会为争取和平而发动战争，但我们参战是为了实现和平。战争后的和平从何而来？你也许需要先征服与你为敌的人，然后才能将他们一同带入之后的和平盛世。
>
> 如果发动战争的起因是因为诸如侵略国拒绝赔偿给被侵略国所造成的损失和伤害，或是企图挽回以非正义手段夺走的一切，那么这场复仇性质的战争不能被看作是一场正义的战争。
>
> 圣奥古斯丁

包括捍卫荣誉，所以捍卫荣誉也会引发战争。他还进一步指出战争在下列情况下是合理的：发动战争是出于万不得已，在战争中遭受损失的百姓可以获得赔偿却拒绝接受。

圣奥古斯丁认为战争永远都是罪恶的，但不可避免。他同时补充道：以消灭罪恶为目的的战争是允许的，比如赶走外敌、废黜独裁者等。但是如果人们对"罪恶"这个词的理解本身存在争议呢？参加十字军东征的圣战士认为穆斯林的信仰属于异端邪说，所以宗教战争的目的就在于转变他们的宗教信仰，从某种程度上来说，这种战争就是为了遏制"罪恶"（思想）的蔓延。显而易见，在现今社会，这种战争行为是不被众人接受的。

每一种宗教都推行相同的价值观——我们需要为防止人们误入歧途（即信仰错误的宗教信仰）而战。圣奥古斯丁还认为战争可以作为一种惩罚手段，这种惩罚手段在当今可理解为战争的起因。但无论是西塞罗还是圣奥古斯丁都无法容忍为了扩张本国领土而强取豪夺的侵略战争。

圣奥古斯丁认为合理的战争至少要实现"两害相权取其轻"的目的，即战争这种罪恶的行径必须能制止比其更加罪恶的事件发生，那样它才是合理的。圣奥古斯丁的时代过去800年后，意大利神学家圣托马斯·阿奎纳认为任何战争手段都不能逾越《战争法》（*jus in bello*）的规定。在16世纪，《战争法》已成为一种人人认可的存在。

一场合理的战争所必需的要素

只有满足以下两个条件，战争才可以被认为是合理的：

- 使用武力是合理的；
- 战争中的行为符合伦理道德，比如，公正地对待战俘。

对目的的评判

为了确定目的是否合理，我们首先需要有一套"合理的"方法，但这并不简单。一般来说，"好死不如赖活着"，自由要比坐牢好（除非享有自由的人整天要忍饥挨饿，而囚犯不必为此担忧）。但有些情况是存在争议的。比如，我们应该推翻某个独裁政府以换来这个国家的民主吗？谁又能说民主一定就是正确的选择呢？

非同寻常的方法

在战争年代或某些危急时刻，我们需要对固有的规则做出相应调整。比如，战场上擅离职守的士兵可能会被枪决；在地震废墟中抢夺灾民财物的强盗，或洗劫无人看守的商铺的劫匪或许都会遭到枪杀；平时遵纪守法的良民如果威胁到国家安全，可能随时会受到国家安全部门的审问或拘禁。在第二次世界大战期间，居住在美国的日本人和居住在英国的意大利人都可能会被受到政府部门的"特别"关注，即使没有证据证明这些人是轴心国的一分子。大多数人会认为这就是"两害相权取其轻"的做法。因为毕竟囚禁一个无辜的人总比让这个人危及整个国家安全所带来的危害要小。这也正是功利主义的处事方法，即在目的（或结果）和方法之间，将合理的目的置于首位。

功利主义有一个支叫情境功利主义，即在特殊情况下只要目的合理就可以忽略给他人带来的伤害。在战争年代，有政治信仰的哲学家会认为只要结果是合

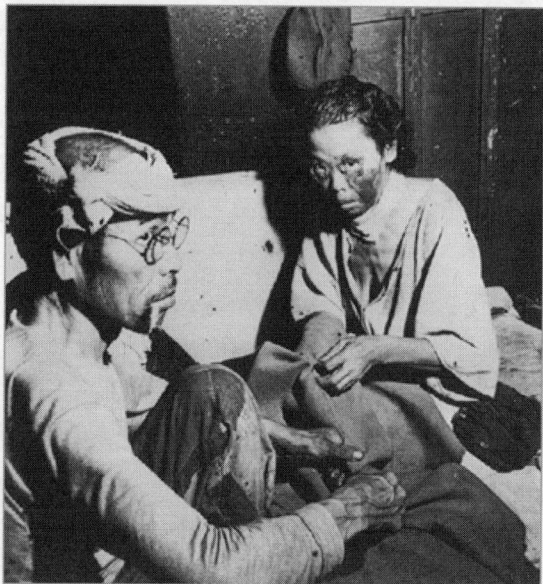

给人类带来灭顶之灾的核武器作为一种军事手段合理吗？

理的（也就是说只要开战的原因是合理的），那么任何方法都是合理的。比如，如果能快速取得一场战役的胜利，那么即便会造成无辜百姓的伤亡也无所谓。其他哲学家会认为有些行为本身就是不道德的，如炸毁医院，而且这种行为在任何情况下都是不合理的。事实上，在残忍的战争面前，伦理道德根本就找不到自己的安身之所。一些怀着实用主义观点的哲学家认为伦理道德这种判断标准不适用于战争这种情境中。而另一些哲学家干脆做出了较为极端的认识——战争完全脱离了伦理道德的讨论范围。

独裁者的观点

撰写《君主论》的意大利政治思想家尼可罗·马基雅维利（Niccolò Machiavelli）认为只要目的正当，就可以不择手段。对一个君主（政治领导者）而言，这就意味着稳固政权。与其说马基雅维利是一个不道德的人，不如说他是一个没有道德观念的人。他所推行的手段和方法仅仅是为了让统治者加强其统治地位。而他并没有向君主进谏过有关专制统治的方法，这并不是因为专制统治不道德，而是因为采取专制统治可能会带来树敌无数的后果，另外专制政权更可能被人推翻。

> 为了得到百姓的敬畏和臣服，新君主不在意被冠以'暴君'的骂名，因为他知道仁慈不会有好结果。
>
> 马基雅维利

严刑拷打是否合理？

近些年来，通过"非常规引渡"这种做法，犯罪嫌疑人或恐怖分子会被押送至允许使用酷刑进行审讯的国家，如通过"水刑"来拷问疑犯。在战争年代，诸如水刑之类的酷刑是合法的，但是这种通过严刑逼供的手段让疑犯招供的做法或许是合理的，也或许并不合理。

按照功利主义的观点，严刑逼供是可行的，因为如果使用酷刑能从疑犯口中套出一些重要情报，从而保护更多无辜民众，那么酷刑对疑犯的伤害也许可以通过大多数人的利益而抵消。出于实用主义或人道主义考虑，许多人还是反对使用酷刑的，不过最后收效甚微。其中一种反对的呼声是这样的：随着我们越来越频繁地参与有悖伦理道德的活动中，如使用酷刑，我们自己的道德水准也会随之下降。也就是说，向疑犯施加酷刑这种做法对实施者本身也是一种精神摧残。那些赞成使用酷刑的人会将它美化为一种"增强版的审讯技巧"。他们这样做是想改善人们对"酷刑"的负面看法，但这其实也就承认了酷刑是一种不可接受（国际条约下是非法）的做法。最后请大家试想这样一个问题，难道说当那些赞成使用酷刑的人借用了巧立名目的欺骗手段之后，执行酷刑就会因此变得不那么邪恶了吗？还是说欺骗本身就是一种不道德的行为？

第 19 章

我们能否建立一个完美的社会

贫困人士是否永远陷于贫困？政客是否永远难
逃腐败之圈？这一切会得到改善吗？如何做才能
改变这种现状？

大多数人会对当下的社会、我们的国家以及地方政府满腹怨言，而且抱怨的内容几乎毫无差别。纵观历史，或许每一届政府都会将"我们要做得更好"作为自己工作报告的主题，但是每一届政府管理下的社会是不是真的完美呢？

想象中的社会

自古希腊哲学家柏拉图写下《理想国》至今已有 2400 余年。这部著作主要是围绕他假想的王国展开，同时他还论述了治国的最佳方法。这部著作的核心思想就是指出国家应该由哲学家来治理，这种哲学家被称作哲学王，但哲学家治理国家时会受到许多限制性因素的干扰。在他看来，只有哲学家才能参透公正的本质，所以哲学家才是建立公正社会的不二人选。柏拉图其实并不是民主政治的信仰者，事实上，他认为民主政治仅仅是比最差的独裁式政体稍稍好了一点。

因为传播极权主义的思想，柏拉图的

> 过去少数几个村落联合在一起就形成了一个完整的、自给自足的社群。当社群已不再满足于保证社群成员生存的需要，而逐渐发展为追求更高层次的精神文明需求时，经过演变和发展最终形成了城邦。如果说早期的社群（如家庭和村落这种形式）是一种自然的结果，那么城邦也是自然的结果。因为这就是它们存在的目的，而事物的本性也就是依这种目的而存在的。每一种事物只有当它发展成熟后我们才能认识到它的本性，这样的事物包括人、马或家庭。
>
> 出自亚里士多德的《政治学》

尽管独裁者看起来一生享尽荣华富贵，但柏拉图确信无疑地认为这种人一生决不会得到真正的自由或友情。

《理想国》饱受批判。不过公平地说，此书著于 2 000 多年以前，而那时还不存在极权主义政府，所以那时的他也不会想到《理想国》后来会成为宣传极权主义思想的工具。

另一个著名的假想型社会出自英国空想社会主义学者托马斯·莫尔于 1516 年完成的《乌托邦》。然而他的写作意图究竟是为了虚构一个理想化的社会制度，还是想以一种讥讽的口吻批判同期的资本主义制度，这不得而知。在乌托邦的社会里公民都没有私有财产，所有的商品和生活用品都会统一存放在仓库里，然后按需发放给任何有需要的人。在那里，所有人住的房子都是一模一样的，每隔十年会调换一次住房，以顺应人们"喜新厌旧"的情感。每一个家庭可以拥有两名苦工，这些苦工要么来自于周边的邻国，要么就是本国的劳改犯。这里的公民穿着统一，定期都会去农场工作。此外，他们还会学习实用的手艺和技术知识，每个人到了适合的年龄都会去参加工作，且不会受到任何性别歧视。只有天赋异禀并且从小接受优质教育的神童才有条件成为这里的政府官员。另外官员的任期只会由他们的工作业绩和工作表现决定。这里，黄金会被用来制作成束缚犯人的链条，所以人们真的会把黄金视为"粪土"。而珠宝只会是小孩子的

在大多数人眼里，莫尔那种乌托邦式的生活是极其沉闷和无聊的。因为多样化是幸福的源泉，可在乌托邦的社会里几乎看不到多样化的存在。

伯特兰·罗素

玩物，当他们过了青春期的年龄，会自然地丢掉这些珠宝，否则会被认为是幼稚之举。

在莫尔之后还有不少空想主义者相继假想出了各种理想化的社会和国家，目的无非是想表达自己对生活在这种理想化社会和国家的向往，或者是想借此抒发自己对当时所处社会的种种不满情绪。但是当这些空想主义者对"如何治理一个理想型国家"这个话题高谈阔论时，却没人能肯定地回答出这种完美社会存在的可能性。

我们会共同反对集体主义吗

无论柏拉图还是莫尔都奉行集体主义策略，强调社会作为一个有机体自身所发挥的强大作用，并认为社会

莫尔的乌托邦

本身所发挥的作用超过了所有个体的作用之和。"社会作为一个整体，对它有益的事就是让它更好地服务于每一个公民"，如果大家都能这么想就好了，但是事实看来并非如此。恐怕不会有人愿意生活在那种"理想化的"社会，因为在这样的社会，每个公民都没有选择配偶的自由（自己的配偶完全由彼此的基因而定），自己的孩子会由国家托管抚养，人们无权装饰自己的住宅，无权自由选择自己的着装和工作。这种立国之策本意在于消除人与人之间的分歧、隔阂以及嫉妒的情感，以求建立一个人人平等、按需分配、公平有序的社会制度。但这种看似公平公正的社会制度未必就是我们想要的选择。

在当今这个崇尚个人自由和个人选择的社会，我们可以"肆无忌惮"地张扬个性、表现自我。此外，如今大多数人都厌恶来自国家或社会方方面面的管制和束缚，这也许是因为我们的价值观随着时代的发展也发生了转变，至少像我们许多生活在发达国家的人早已不满足于柏拉图时代下的人类的基本需要，而更加注重精神层面的需求。

即使现在几乎所有的科学家都同意"人类活动会导致气候变化"这样的观点，但这个世界并不会因气候变化这个全球性问题没有得到解决就忽视了人类个体价值的存在。

为什么要有社会的存在

如果一个社会总是因为集体需求和个体需要不能统一而产生摩擦和冲突，那么为什么还要有社会的存在？

亚里士多德认为社会是人口数量上升和人口聚集的自然结果。不可否认，我们中每个个体是受益于这种集体生活：它能带给我们安全感、琳琅满目的商品（毕竟一个人的生产力是有限的）以及集体成员之间的友情。基于这种原因，我们或许会为了社会生活中的更多利益而放弃我们的部分自由，然后开始履行一种"社会契约"。

17世纪英国哲学家托马斯·霍布斯（Thomas Hobbes）对人性抱以相对悲观的态度。他认为如果我们没有生活在社会中，那我们当中的每个人都会为了个人利益相互争斗，最终落得两败俱伤、一无所获。社会生活是一种可取的生活方式，因为它能让"有福同享、有难同当"这样的人生信条深入人心。举个浅显的例子，生活在社会中的我们

> 在这种情况下（即对于脱离了社会的人类而言），工业将无立足之地，因为维系工业成果的条件是不稳定的。所以具体而言，种植业、航海业、商品的海上运输业、建筑业都将不复存在；另外那些用来运输和装卸货品的设备将无人生产；地理学知识、时间的计量、艺术、文学和社会学知识都会随之消亡。然而最严重的是——人们将会永久生活在死亡威胁之下的恐惧当中，此外人们还会因孤独感、贫困、恶劣且原始的自然环境而英年早逝。
>
> 托马斯·霍布斯，《利维坦》

不需要总是为"别人从身后袭击我们"而保持高度警惕。我们虽然因履行社会契约和建立道德秩序牺牲了自己固有的一些权利，但是而后建立的道德秩序和法律法规却可以很好地保护我们个体在社会中的利益。

霍布斯在其著作《利维坦》中对自然法进行了详述，但是他又补充说这些法则并不应该称之为"法"，因为它们并不存在强迫性。其中前两条最重要的法则是：（1）每个人都有获得一切事物的权利；（2）己所不欲，勿施于人。人们愿意成为一国公民并受他人统治是因为他们预见到这是一种自我保全的方式，而且还能获得令自己更加满意的生活。他认为人类不

可能建立一个以满足自己如此多样化需求的社会。相反，他觉得人类建立社会是为了避险、预防灾祸和意外（大多数人认为的劫难）。

"强迫性自由"

与霍布斯对立的观点认为"自然状态"中的人类比起生活在社会中的人类更加高尚。18世纪的法国哲学家让·雅克·卢梭认为自然状态下人类的精神是高尚的，而且正是由于社会当中的条条框框才使得我们看清了人性中的丑恶。随着"社会契约的签署"，我们会放弃先天的自由以换得另一种形式的自由。不幸的是，所有当代的社会（卢梭指的是18世纪中期的社会）在剥夺了我们的先天性自由后并没有赋予我们本该享有的自由和权利。但是在一个公正的社会，相关法律法规会对接受社会契约的社会成员的利益和自由进行强制性保护。事

卢梭认为：社会让我们认识到自己可以争取到别人所拥有的东西，另外也正是社会让我们变得更加爱慕虚荣、矜名嫉能和贪得无厌，而这些丑陋的人性是不会出现在"自然状态"下的人们的身上。

实上，我们具有强迫性自由，这是因为我们所遵守的法规所要求的。但卢梭并不承认我们作为个体所该享有的个体权利，因为他觉得在社会机制健全的国家，个体权利并不属于一种人人所需的权益。

变革的权利

温和派则保持一种相对中立的态度，即对霍布斯和卢梭这两人的观点既不完全赞同也不完全反对。大卫·休谟和约翰·洛克这两人就认为依据社会契约，或扩展到一个社会，财

左翼和右翼

政治上所讲的左翼和右翼是两种观点对立的派别，他们代表两种不同的意识形态，他们对社会的作用也有着各自不同的理解。左翼倾向于公有制和公共供给，并主张通过自上而下的方式来解决社会中存在的问题。而右翼更赞成私有制的观点，主张执行不干预、自由放任的经济政策，并认为有关经济的问题都可以在自由市场当中得到最终的解决。其实在某种程度上，右翼政治体现了对"社会达尔文主义"和"适者生存"进化论观点的支持。

最终，市场的力量可以引导社会进入一种稳定的均衡状态，这种假设只会将人民的生活带入水深火热之中——贫富差距加大，穷人就如同维多利亚时代的伦敦一样——衣、食、住、行等基本的生存条件皆无法保障。社会对最底层的草根阶层又应肩负怎样的责任呢？

产的所有权和处置权是一个个体应该享有的权利。随着社会或国家的形成，必然会出现一种能代表国家主权的机构，这种机构可看作是"国家最高统治机构"，也可看作是"国家领导层"。然而这种机构所拥有和行使的权利也会受到法律的制约。比如，如果一国的政府行为有违于本国的宪法，或者说如果一国政府完全无视该国的任何法律法规，那么该国的百姓就有权揭竿而起，掀起改革运动的浪潮，以最终达到重修宪法的目的。从某种角度来说，"闹革命"或许也是公民享有的一种权利和义务。

社会秩序由谁而定

　　大多数国家的政体都是逐渐形成的，而不是产生于"从无到有"的突变，但如果假设存在这种突变，那么我们不妨了解一下美国政治哲学家约翰·罗尔斯（John Rawls，1921—2002）的观点。他所提出的"正义论"不仅是要保护公民个体权利不受侵害，同时还提倡社会资源得到合理公平的分配。他认为人民可以创建一种新型的社会秩序，这种新秩序产生于他所称的"原初状态"并会在"无知之幕"的"操作"下发挥作用。换言之，人民首先需要建立一种正义的体系，而之所以称其为"正义的体系"是因为它的建立不会受到任何建立者所处的社会地位的影响，这是因为"无知之幕"下的人们无法得知自己在走出"幕"后将会在社会当中担当的角色以及所处的地位。或许他们会成为至高无上的统治者，又或许会是底层的劳动人民，甚至于会成为失业的贫民。

　　对于每一部"后启示录"题材的电影，无论会不会有僵尸出现，最终能有人得以幸存，是因为那些人能为了共同的目标而奋斗，所以共同的目标就是一个新社会的萌芽。

第 20 章

是否存在更大的平等权

我们虽然一直主张人人平等，但是我们真的做到了吗？那么，什么才是真正的"平等"？

请谨记：将你称为奴隶的人和你的出身是一样的（同属人类），你们生活在同一片蓝天下，呼吸着相同的空气，死亡也将是你们共同的宿命。

古罗马哲学家塞涅卡（Seneca）

我们所指的平等是什么

社会中的平等会涉及方方面面，比如，它可以指代平等的权利、平等的机遇或能平等地获得各种资源的权利。当今社会大多数人会说"人人生来平等""人人享有基本人权"之类的话。但是我们有没有想过这些平等的人权从哪里来？我们每个人具体又能享有哪些权利或平等的待遇呢？

《国际人权宣言》规定以下是世界公认的、人人应该享有的权利：

- 所有人生来平等：享有平等的权利和尊严（出自《国际人权宣言》第一条）。

- 人人无一例外地、均被赋予了共同的权利和自由，这与一个人的种族、肤色、性别、所使用的语言、宗教、政治信仰、国籍或社会背景、财产数额以及家庭出身毫无关系（出自《国际人权宣言》第二条）。

- 任何人不应遭受酷刑，或受到残忍的、有违人性的或侮辱性的待遇和刑罚（出自《国际人权宣言》第五条）。

- 任何人不能受到随意地逮捕、扣押或流放（出自《国际人权宣言》第九条）。
- 社会中的每个成员都有获得或应被赋予社会保障的权利；此外，平等的经济、社会、文化权利对于一个人的尊严和人格的自由发展至关重要（出自《国际人权宣言》第二十二条）。
- ……

> 我们坚信以下都是不言而喻的真理：人类生来平等，他们都被造物主赋予了不可剥夺的权利，这些权利包括生存权、自由权以及追求幸福的权利。
>
> 美国《独立宣言》

我们生来平等自由吗

亚里士多德曾指出我们人类并非生来平等。有些人生来就是做奴隶的命，而有些人却是做主子的命。但是让·雅克·卢梭后来指出亚里士多德的这种看法容易让人对事情的前因后果产生混淆。比如，一个人生下来就是奴隶的身份，然后以这种身份被抚养长大，最后自然还是一个奴隶，但是假设在这个人出生的那一刻就将他或她从奴隶的家庭环境中带走，那么他或她还会是同一种人吗？所以，奴隶身份并不是遗传的。

去往新大陆（尤指北美和南美大陆）的奴隶没有享受人生的权利，也没有自由和追逐幸福的权利。他们只能算作奴隶主的"私人财产"。

亚里士多德有关奴隶制的看法不久就遭到质疑。斯多葛学派提出人权平等的核心在于："我们为正义而生，法权不是建立在人的观点之上的，而是如同大自然一般的自然存在。"

有这样一种革命性的观点——"社会地位"不是个人的内在属性，继而不能把它作为衡量一个人道德的标准，即使对于战俘，我们也不能因社会地位的差异而区别对待。

自然而不可剥夺的权利

启蒙运动时期，"人人生来享有自然而不可剥夺的权利"的观点已成为一种主流思想。约翰·洛克认为这些权利包括：生命、自由、财产。这三者后来被写入美国的《独立宣言》。所谓不可剥夺的权利指的是当一个人即使签订了社会契约（一份制约公民和其政府的契约），他或她的这些权利也不能受到

> 将奴隶制看作是一种能"侵蚀掉人的五脏六腑"的病毒，这是一种错误的认识。人对这种"病毒"还是具有一定免疫力的。实际上，人体会服从并受制于他的主人，但人的思想是无拘无束的，不受任何人或任何物的支配；因而即使当人的身体受到外物的束缚时，其思想也绝不会成为外物束缚下的囚徒。
>
> 塞涅卡

> 在人与生俱来就拥有的自然权利当中，就包含其后代（无论是出于任何契约）不被剥夺的权利。
>
> 《弗吉尼亚权利法案》，1776

剥夺。奴隶制的拥护者基于"奴隶之前已自愿放弃了自己的某些权利"这种观点所做的声辩都是无效的，因为这些自然权利是不可能被放弃的。

还有一些权利同样是不可被剥夺的，即宗教信仰的权利和人格权。历史上许多王朝的统治者都曾试图剥夺人们的这两种权利。纵观历史，也有不少人因信奉不同的宗教信仰而受到迫害，到了 20 世纪，对人们人格权的压制行为就属于极权主义国家的一种标志性做法。

"踩高跷似的荒诞杂耍"

"我们有自然权利或这个世上存在自然规律"的观点存在的前提是我们要承认在这个世上有"自然"的存在，有"正确"或"正义"的存在。用哲人的话说就是，人的自然权利依存于一种普遍规律，或者因权利和规则的制定者——某个神灵或像大自然这种实体的存在而存在。

杰里米·边沁把这种自然权利称之为"踩高跷似的荒诞杂耍"。他声称权利只能由政府制定或在传统中得以发展。言下之意就是说鉴于权利并无特殊性可言所以并不是不可剥夺的。如果权利是非自然的，那么也具有相对化的文化差异性，即会因时间地点的不同而发生变化，同时也会因传统和法律体系的差异而产生分歧。

> 每个人应对自己的信仰负责，并要确保自己的信仰是正确的。相信与否是由我自己来决定的而不是受别人的影响，正如下地狱或上天堂这样的事也是如此。同样，别人无法逼迫我做一个有信仰的人或无信仰的人，正如别人无法替我打开或关闭那扇通往天堂或地狱的门一样。既然选择信仰或无信仰关乎一个人的良心而不是世俗权力的大小，那么世俗的权力应该以处理自己能力范围之内的事为目的，而不是干涉别人的信仰问题。又因为信仰体现着一个人的能力和意愿，那么我们绝不可以用武力的手段来干涉他人的信仰。
>
> 马丁·路德

强权就是公理吗

在边沁看来，权利仅仅是由于人类日益频繁的相互往来或社会契约的签定才出现的。如果《鲁宾逊漂流记》中的鲁宾逊将自己完全封闭在自己的小岛上，试问他还会有怎样的人权？他所享有的权利是不是就是出海打鱼或采摘树上的野果？或者说在他这种独居状态下，自然权利对他而言是毫无意义的？不过当"星期五"这个人物出现后，鲁宾逊是不是就有了一种使唤奴仆的权利？或者说在这种特定情况下是不存在"人权"这个概念的？

当鲁宾逊占领了那个小岛，是不是连同岛上的"星期五"也成了他的私有财产？生活在这个虚构的小岛上的他是否对《人权宣言》有所耳闻？他还是否享有财产处置权？那么《人权宣言》有没有赋予"星期五"同等的人权呢？

2500 年前生活在雅典的政治哲学家卡利克勒斯（Callicles）承认了"倚强凌弱"这种事实并认为这是一种自然现状。信仰社会达尔文主义的人将"适者生存"的法则应用于社会当中（尽管在某种程度上这并不是达尔文的初衷）来检验"倚强凌弱"这条定律的真实性。假如人们的确有着不能剥夺的权利，那么这些权利从何而来？如果这些是由社会赋予的权利，那么它们既不存在普遍性也不具有自然性。

先天性的不平等

匆匆一瞥大多数人的生活现状，我们不难发现这样一个事实——即便我们具有生来平等的自然权利，然而我们与生俱来的能力却不是平等的。比如，有的人会比其他人更加强壮，有的人会有更加出众的外表，还有的人会更加聪慧或更具音乐细胞。由于我们个人能力上的差异和不平等，所以社会自然只会青睐那些能力出众的人。

人们所看重的优点会因文化价值观的不同而不同。与现在相比，过去的人们更加看重的是一个人力量的大小，因为在过去人们只有借助强壮的身体才能击退凶猛的野兽或猎取食物。现如今我们所欣赏的品质似乎是不会被过去的人们所理解的：为了观看精彩赛事，我们会为职业运动员支付巨额的薪水；我们给予从事演艺、写作、绘画以及音乐创作的人高度的评价。虽然像拉小提琴或雕刻这种能力基本上与（野外）求生的技能毫无关联，但是我们现代人还是会喜欢像演艺圈、娱乐圈和文艺圈那些有一技之长的人。因而

> 如果依靠犹太预言家们错误的信条和通过"哭泣的"弥赛亚来对"权利"进行评判的话，那只是一种疯狂的行为。权利或权力不是某个教义的产物，而是权势的衍生品。世间所有关于"己所不欲，勿施于人"的法规、戒律或教义本身并不具有权威性，而这种权威来自于它的制定者——强权政治或武力的操纵者。一个真正自由的人没有义务去服从来自人或神灵的指令。顺从是一个人腐化的标志，而不顺从代表着一种无畏的英雄气魄。
>
> 以上就是俄国文豪列夫·托尔斯泰于1890年对"社会达尔文主义"的代表作——《强权即公理》所做出的回应。

我们不得不面对的现实就是：能让我们创造价值的先天能力是不平等且具有差异的，继而社会中的人们所享有的待遇会因这种不平等的价值产出而变得"不平等"。

机会面前人人平等吗

尽管"平等的机会"或"平等的待遇"不是普遍认可的权利，但是它们却在某些法律体系中占有一席之地。有的法律就做出这样规定：无论是何种肤色、种族或宗教信仰，所有人都有应征工作的权利、乘坐公共汽车的权利以及穿衣打扮的权利。

康德的观点（参见175右下侧文本框）看上去似乎是公平的，却很难实现，因为每个孩

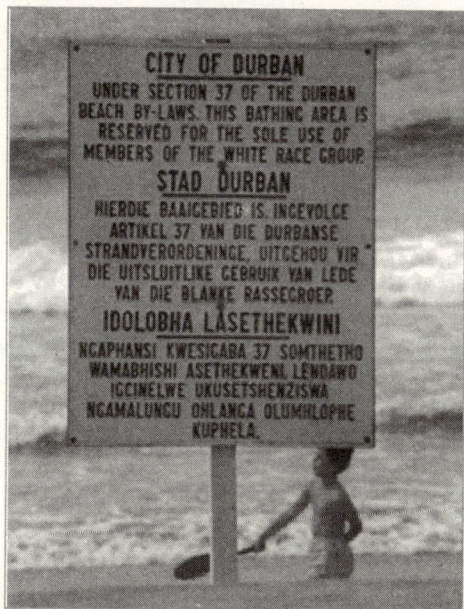

不被歧视是人们应有的一种自然权利吗？或者还是将其看作为一种文明社会下的人权？再或者人们根本就不享有这类权利？

子的起点不同、家庭背景也不同。儿童教育专家不会悄悄溜进婴儿房去确认六个月大的孩子的智力是否得到了良好的启发。其实，如果我们要让一个人的特长得到充分发展，则必然会损害其他人的人权。

对于"平等"这个话题你还有更加深入的思考吗？有钱人有经济实力让自己的子女接受比普通家庭的子女更好的教育，像这种做法合理吗？他们这样做是不是就违背的"人人平等"的原则呢？对于这个问题大家各持己见，有人认为他们这样做是无可厚非的，也有人认为这样做对大多数人是不公平的。

每一个社会成员都有权让自己的天赋、专业特长得到最大程度发展，并享有因此而来的机遇；同时其他特权阶层也不应阻碍天赋异禀和技能超群的人的发展。

伊曼努尔·康德

20世纪20年代至70年代，生活在以色列基布兹社区的儿童是被集体抚养长大的，这些孩子每天与父母相处的时间只有2~3个小时。一个在基布兹社区长大名叫莱谢姆的男孩说："在这里，我们所受的教育都是一样的；但是尽管如此，我们每个人都是与众不同的，每个人都是一个独立的个体。"

机会是什么？怎样才算机会平等

机会平等是一个很难定义的概念。它所针对的是同一类事物吗？还是说只有当某些事与某人的切身利益挂钩时，或涉及到"最佳人选"这样的问题时我们才会去强调机会平等呢？机会平等又是由谁来决定的呢？有些时候，只有采取因材施教的教学理念才能为个人施展才华提供一个平等的机会。比如，要让一个具有运动细胞的少年去消化那些让音乐神童受益匪浅的声乐课程，或许根本就是一种不切实际的幻想。

当我们站在道德的制高点来批判当今社会存在的种种不平等现象时，我们有没有发现自己或他人所遭遇的不平等待遇并不是后天才出现的，其实我们一开始就处在了一个不公平的竞争环境中，换言之，与别人相比我们其实已经输在了起跑线上。比如，有些人在某些方面与生俱来的天赋就是他们脱颖而出的先天优势，也有些人会因历史原因所导致的先天性缺陷而注定一辈子生活在"默默无闻"之中。上述这种平等中的不平等就叫"积极性差别待遇"，而美国政治哲学家罗尔斯更愿将其称为"公平的机会平等原则"，这种名称或许可以弥补先天性缺陷对人造成的心理伤害。我们给它冠以怎样的称谓并不重要，重要的是它是一种引人争议且遭人反对的存在，尤其是它的存在就意味着我们不得不面对这样一种事实——人会因为自己的出身、种族、性别的不同或其他因素的影响而受到差别化待遇。

与罗尔斯同时代的另一位美国政治哲学家罗伯特·诺齐克（Robert Nozick，1938—2002）和美国当代经济学家米尔顿·弗里德曼（Milton Friedman，1912—2006）两人都对机会均等策略提出了反对，因为他们认为刻意地追求"机会均等"不仅会妨碍他人唯才是举的用人原则而且会使他人陷入英雄无用武之地的窘境。

在一个差别化待遇的社会，像前苏联，曾经就有一项选拔和培养体育及音乐奇才的宏伟计划，但是这项计划旨在实现国家荣誉而不是实现个人价值。

"动物权"的不平等

在乔治·奥威尔的寓言小说《动物农场》（Animal Farm）中，动物们为了当家做主、争取平等的"动物权"掀起了一场推翻人类统治的革命，但是"改朝换代"后的动物王国内部又出现了相互争权夺利的两大派系，力量处于上风的一派过上了歌舞升平的生活，而处于权力争夺下风的百姓却生活在水深火热之中。

经济学家发现我们不可能建立一个"横向不平等"的社会，甚至连这种社会的模型也无法搭建，因为横向不平等是不存在的。所谓横向不平等指的是具有同等能力且起点相同的人之间出现的不平等。罗伯特·诺齐克举例说明不平等是如何产生的（他通过以下这种假设来驳斥试图实现财富均等的做法）。假设刚开始每个人都拥有 100 美元。现在有一

> 所有动物一律平等，但有些动物会比其他动物享有更多的平等。
>
> 乔治·奥威尔，《动物农场》

个球技精湛的名叫威尔特·张伯伦（Wilt Chamberlain）的篮球运动员出现了。如果每个人愿意支付 25 美分观看他的表演的话，他就会出席公开表演赛。众人出于对他球技的崇拜和欣赏，每个人都心甘情愿地从自己口袋里掏出了 25 美分，这样截至赛季结束，张伯伦一共赚到了 250 000 美元。如果要实现财富均等，那我们是不是要剥夺张伯伦一个赛季的劳动所得？我们干嘛要这样做呢？机会均等或机会平等隐含的意思是指每个人成功的机会是平等的，而且每个人失败的机会也是平等的；同样，每个人在富裕或贫穷面前也享有平等的机会。然而，机会平等与结果平等具有本质的不相容性，对于这二者我们会更倾向于哪一种呢？右翼党派注重的是机会平等，而左翼党派看重的是结果平等。

谁能享有平等的权利

许多经济发达国家的人们是支持"机会平等"这种观点的，然而他们却不喜欢或限制大量移民的涌入。我们制定相关的法律以确保本国劳工受到公正的待遇，但我们还是喜欢购买廉价商品（即使这些商品是由海外的血汗工厂生产的）。我们整日呼喊着"男女平等"和"反对种族歧视"的口号，然而事实表明，社会中女性的平均工资会低于男性；黑色人种的劳动报酬会低于白色人种，而且黑人被判入狱的可能性更高。我们所倡导的"人人生来平等"，其中"人人"指的是这个世界当中的所有人吗？还是只是局限于那些同我们一样的人？

IDEAS TO SAVE YOUR LIFE

THE 15-MINUTE PHILOSOPHER

第 21 章

我们应该劫富济贫吗

我们应如何平衡个人利益和集体利益？

2013 年塞浦路斯经济陷入岌岌可危的境地（如果你还能记得的话，你会发现当时还有不少国家的经济也像塞浦路斯一样萎靡不振）。万般无奈之下，塞浦路斯政府采取了一项前所未有且不得人心的举措——政府吸纳掉本国银行存款总额的 60%，即个人存款超过 100 000 欧元（约合 82 000 英镑或 138 000 美元）的资金全部被政府强行征用。此举的本意是想挫伤那些将塞浦路斯当作避税天堂的俄罗斯金融寡头的利益，可最后一些本土储户的利益也受到了重创。在一国货币体系和银行体系濒临崩盘之时，像塞浦路斯政府"没收大额储户的存款并发放给该国大量的贫民"的做法很可能会解决大多数穷人的温饱问题，但是这种"劫富济贫"的做法正确吗？

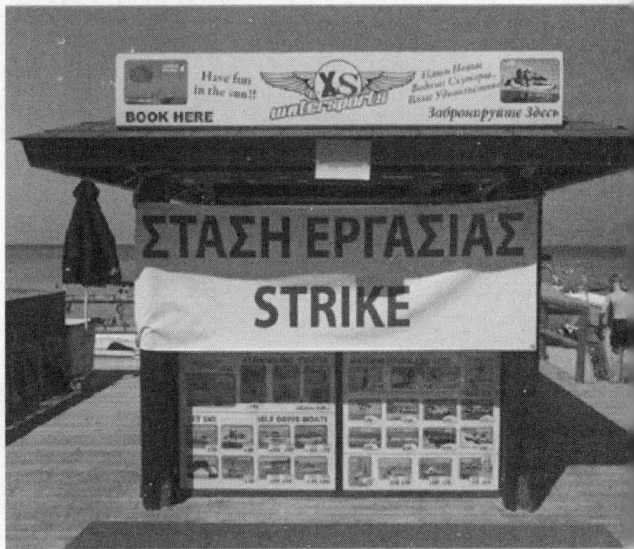

最大的幸福就是满足绝大多数人的幸福

塞浦路斯政府这种"劫富济贫"的做法是功利主义原则的一种体现。

功利主义基于这样的前提：对于一种行为是好是坏的道德判断取决于行为参与者增加幸福的程度和减小痛苦的程度。如果参与者的行为是将最大的幸福带给最多人，则为可取之举。

"幸福"可以理解为快乐和远离痛苦。快乐的来源不仅仅是美酒佳酿、爱情美满、绕梁之音，还包括更高层次的精神愉悦。

但功利主义并不是一个人追求享乐主义生活的借口。

功利主义或许还可以看成是一种过度化的"大公无私"和平等主义。根据功利主义原理，每个人的幸福都是同等的，所以有时功利主义会要求我们牺牲个人的幸福以置换别人的痛苦。如今社会大多数的道德规范、法律条文甚至于礼仪准则的建立或多或少都会遵循功利主义的原则。一般来说我们最好能制定一些严惩偷盗行为的法令，这样才能确保每个人都能

幸福微积分

即使采取了能收获最大幸福的方法，一般也并不会出现立竿见影的效果。作为经典功利主义的创立者杰里米·边沁（1748—1832），他提出了幸福微积分这个快乐的计算方法以解决功利主义伦理学中的难题。我们可以从以下六个方面来衡量每种行为产生的快乐和痛苦：

- 强度；
- 持久性；
- 确定性或不确定性：产生快乐或痛苦感受的可能性；
- 时间上的远近距离：多久会产生快乐或痛苦的感受；
- 繁殖力：随之产生更多同类感受的可能性；
- 纯度：产生相反感受的可能性。

幸福（即快乐和痛苦的总值）是通过将每个人对快乐或痛苦的感受相加得到的。如果最后的计算结果表明快乐还有结余，那么这种行为就是可行的；反之就是不可取的。

获得一个公平的机会以收获自己的劳动成果；此外，随着对"不劳而获"这种行为的严厉打击，人与人之间的关系也会变得更加和睦。否则，我们是不是还要将自己大量的时间和精力耗费在对他人不良居心的猜疑或警惕之上呢？比如，也许许多人都有丢失过平板电脑的惨痛经历；而对极度保守主义者来说，他们或许连自己手边的烤肉串都会进行严密看管（事实上，这种不劳而获和投机取巧的事例在我们生活中比比皆是）。总体而言功利主义是一种行之有效的原则。

> 快乐和远离痛苦是唯一能带给我们欲望的目标对象……那些之所以值得我们拥有的事物要么是因为它们内在的快乐本质，要么是可以作为我们提升快乐指数和远离痛苦的一种手段。
>
> 约翰·斯图尔特·密尔

具有交易属性的人类

同时在这个世界上你也能听到一些合情合理地反对功利主义之声。有一种观点就指出功利主义是一种不太人道的理论，因为它将人的幸福看作是商品经济中一种可以进行交换的商品。依照这种理论，多数人虐待少数人的行为似乎是可以容忍，或可忽略不计的，因为最后必然是多数人的快乐大于少数人的痛苦，所以最后幸福总值的计算结果也一定是快乐。比如，如果有十万个古罗马人都享受斗兽场中群狮围攻人类（这里的人类是奴隶）的血腥场面，那么十万个观众从中得到的快乐是不是远远超过了那个单个奴隶产生的所有痛苦？我们假设在斗兽表演中那个奴隶所经受的痛苦如此巨大以至于超过了所有观众产生的愉悦快感；或者我们再假设观看斗兽表演的观众并没有从中得到真正的快乐，他们或许只是想通过这种表面上的、短暂的快感来掩饰潜藏于内心深处的疾苦情绪。

以上"斗兽场"的例子或许离我们现今的时代太远，因而它也就失去了参考的价值和现实意义。但是对于出现在我们现今生活中的种种事例，当我们同时使用直觉和功利主义法则这两种方法进行判断时，我们会发现这两种方法常常会出现摩擦和冲突。

比如，在有些情况下，个人情感或许会让我们阻止某人做出"正确的"选择。假设你现在和其他十人被当作人质扣押起来。歹徒要将其中一人灭口，但是无法确定这个人的身份信

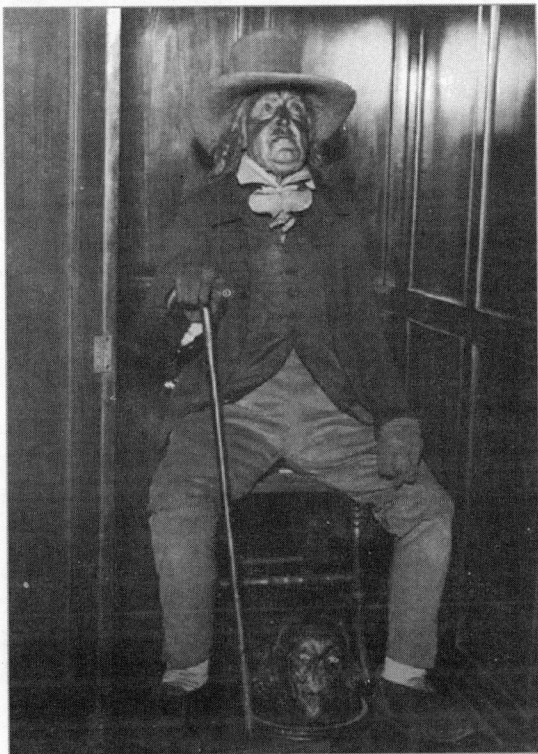

根据杰里米·边沁的遗愿,他的"遗体"被做成了自体圣像(见左图)。他的躯干先经过解剖处理,之后人们在其骨架中填充了大量的稻草并为他进行一番穿着打扮。他的头部是蜡质的。因为他本人的颅骨看起来会比蜡质品恐怖,所以这个颅骨一般只是放置在他的两脚之间而未将之展示。边沁的这座圣像有时会陈列在英国伦敦大学的会议室中作为一种"出席但不投票"的文化象征。

息和面貌特征,而你知道这个人是谁。此时歹徒要挟如果没有人出来指认这个人,他们将杀掉这里一半的人质。如果你站出来指认这个人,那么歹徒最后只会杀掉被指认的人。现在你会怎么做?你会指认那个人吗?如果你就是歹徒所要找的那个人呢?或者说歹徒所要找的那个人是你的孩子或是你的配偶呢?

从功利主义的观点出发,不论歹徒所要找的人是谁,你最好能向他们"交出"那个人,因为这样做至少可以挽救五个人的性命。但是你的决定很可能会受到你的良知、情感因素和私心的影响。这样一来,要做一个功利主义者,我们就必须具备冷静的头脑和超强的逻辑判断力,而这两点正是我们普通人所欠缺的品质。

对谈判专家来说，与绑架人质的劫匪进行谈判是需要技巧的，因为除了要确保当前人质的人身安全以外，还要保证不会有更多的人质受到伤害。

思维实验：令人畏惧的医院

假设现在一家医院有五位病情危急的患者——他们都急需做器官移植手术，否则都会有生命危险。与此同时，这家医院接收了一个需要做一项普通手术的患者。而做这项普通常规手术的外科医生想借医疗事故之名在手术中害死这名患者，为的是从此人身上得到其他五人急需的器官。那么像这种牺牲一人以让五人生还的行为道德吗？或者另一种情况是：这个外科医生会给那个普通病患做手术而让其他五位患者自生自灭，如果这样做，又合理吗？直觉告诉我们医生不应该害死那个相对健康的患者。如果大家要问为什么，大多数人会说如果那五个病患死了，这属于他们的不幸或厄运；但如果医生害死了那个患者，医生就是有罪的；或者退一步讲，那个医生不该具有决定他人生死的生杀大权。但是为什么他没有这样的权力呢？如果他选择了给谁做手术不就等于说谁的生死掌握在了他的手中吗？但是接受这个被功利主义思想所洗脑的医生的手术的病患岂不都很倒霉吗？

劫富济贫

所有的经济体制都试图在"劫富"与"济贫"之间寻找最佳的平衡点。为绝大多数人谋求最大的幸福是一个当政者基业长青的成功秘籍。在一个民主国家，人民是不会给选错平衡点的政府投赞成票的；如果执政者是一个独裁者，人民就会揭竿而起，推翻独裁统治。相反，如果能让一个国家的大多数民众感到幸福，这个国家的政权则稳如泰山。当大多数民众对一个国家失去信心时，其政权也就岌岌可危了。

2012 年紧缩政策的抗议者纷纷强调他们才是这个社会绝大多数人的代表——即他们代表着这个社会 99% 的人口的利益。功利主义者也建议放弃紧缩政策，但是政府声称紧缩政策的实施是为了防止未来出现更可怕的灾难。

直至 2007 年，人们对银行业危机才有了广泛的认识。危机的始作俑者是源于一小部分人的贪念，而正是这部分人的贪念让大多数穷人痛不欲生。据统计，99% 的社会运动都是由社会中 99% 的人口发起的，而这部分人在银行业的繁荣期却未曾获利。通过这种数据统计我们不难发现民众还是有一种自然的功利主义偏好的，在这种偏好下，人们相信为绝大多数人谋求最大的幸福是衡量行为道德与否的标准。

2007 年，金融危机爆发前夕，美国 1% 的人口拥有社会中 43% 的财富，而 80% 的人口只拥有社会中 7% 的财富。

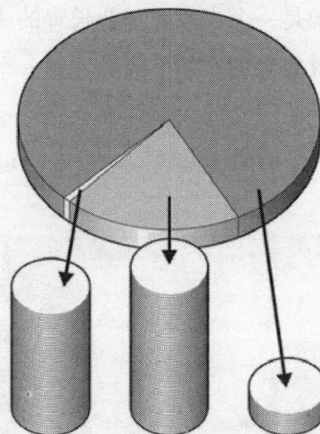

美国 1% 的人口占据了 43% 的社会财富

美国 19% 的人口占据了 50% 的社会财富

美国 80% 的人口占据了 7% 的社会财富

第 22 章

人人无私的社会存在吗

无论社会怎样发展，总是会有叛徒存在的。但如果我们万众一心并决意将"叛徒"这种异类从社会中铲除的话，那将会发生些什么呢？

黄金定律要求我们在人际交往中应注重礼尚往来（详见本书第16章"我们当初应该烧死女巫吗"）。伊曼努尔·康德也曾提出过类似的规则，并将其称为"绝对命令"。

正直地生活

芸芸众生中，总有努力使自己过上最纯洁、最高尚生活的人。这样的生活大体可分为两种：一种是将自己的一生致力于为他人服务，或是真诚地与他人相处；另一种就是坚决抵制俗世生活中的种种物质诱惑，并通过冥想或祈祷去追求一种精神上的启迪和内心的宁静。而对于一个哲学家，他应该不会去追求坐拥四处豪宅和一艘游艇的奢华生活。

比骆驼穿过针眼还要难的事就是让富人升入天国了。

英王钦定本圣经，马太福音，第19章23节

自私的另一种表现

古希腊哲学家第欧根尼坚持绝对的禁欲主义生活观，因而他是一个十足的苦行主义者。他所谓的"家"就是一个从集市捡回来的大木桶，而他每天就住在木桶里。除了这个木桶、一两件斗篷和一个喝水的破碗之外他再没有什么私人物品了。对他而言，那口破碗已经算是一件非常宝贵的财物了，因为当他看到一个小男孩在用双手捧水喝时，他立刻意识到那供

他喝水的破碗其实是一件奢侈品，于是最后他毅然决然地连那碗也丢到了路边。他从不依靠赚钱来维持生计，因为他认为金钱会让一个人迷失自我并极易沦陷至他所唾弃的物质享乐主义的生活当中。除了靠别人施舍口粮外，他还会主动上街乞讨食物。第欧根尼向其弟子所传授的幸福理念是"接地气"和"返璞归真"。他认为一个人只要能满足身体的最基本需求（如温饱需求），那么他或她的生活就不会再出现问题了。至于任何家产、人际关系和爱慕之情都是可以忽视不计的外物。他要求自己的弟子做到"将他人的鄙视、嘲笑和谩骂当作一件司空见惯的琐事"，他认为只有这样做人才能达到超然的人生境界。

第欧根尼与和尚或其他宗教的苦行僧的共同之处在于为了生存他能宽容别人的一切。不过，与和尚不同的是——他所奉行的禁欲主义生活离不开他人的施舍，因此像他这种无法让社会大众受益的禁欲主义价值观是一种不理智的、不会被公众所认可的价值观。他的这种信仰只能让他自己的灵魂得到洗涤和升华。当第欧根尼独自沉醉在自己生活当中时，他是否思考过他所选择的这种生活方式对别人公平吗？如果别人不去给他施舍食物，或者没人在集市上丢掉一个大小合适的木桶，那他将依靠什么使自己的精神达到那种超然而崇高的境界？

你能想象这样一番场景吗？人人都放下了自己的本职工作，走上街头一边为他人施舍物品，一边为自己寻找一个适宜居住的木桶。那样的话，社会终将停止运转，也不会再有充足食物和木桶了。

钢管舞与叙利亚式修行

所谓柱头修士是指早期的基督教苦行者，这些人为了修行，将自己的住所安置在沙漠中的圆柱或杆子的顶端。这种"潮流"的开拓者恐怕就是西门·斯提来特（Simeon Stylites）了。据记载，公元 423 年，生活在叙利亚的他一日攀爬到一根柱子上面，之后一待就是 37 年，直至死亡。这种修行方式后来也出现过一些变体。与西门·斯提来特同时代的狄奥多勒（Theodoret of Cyrus）曾记述他亲眼见过一个人在一个悬挂的澡盆里生活了十年。无独有偶，据称一个叫作圣·阿里皮斯（St Alypius）的古希腊苦行者专门为自己建造了一根石柱，之后在上面住了 67 年。开始的 53 年他一直保持着站立的姿势，而后来由于双脚无法承受长期站立的疼痛，之后 14 年以侧躺的姿势继续坚持苦行。这种令常人无法想象的苦行方式似乎对他本人并未造成多大伤害，因为据说他以此方式一直活到了 118 岁。

康德如是说

伊曼努尔·康德是不会认同诸如第欧根尼所奉行禁欲主义生活观。康德的"绝对命令"已明确地表明——生活中的任何规则都必须具有普世的价值，即任何人都有能力和条件去遵守规则。如果人人都去选择像第欧根尼的生活方式，如找一个破旧的罐子或木桶来安度余生，那么社会将不再具有任何生产力，人与人之间的关系也会因"罐子争夺战"而由最初的彼此淡漠发展到相互敌对，这样社会将濒临土崩瓦解。所以，第欧根尼式的生活方式是不可行的。

当然以上情况是不会出现在当今社会的。比如，现在我们就见不到在集市中搜索瓦罐以求安身的人。也同样见不到将自己的家产捐给慈善机构然后选择独善其身的人。这是因为现在几乎没有人再愿意过第欧根尼式的生活了。

那是不是可以认为靠乞讨为生的苦行者在当今社会已没有立足之地了？对这个问题也许很大程度上取决于他们所处的时代背景。中世纪的欧洲，你随处都可见到依靠他人施舍，四处传教的天主教徒和僧侣。这些人在得到他人施舍的食物后会为施舍者的灵魂祈祷。而在施舍者看来，用自己的食物和生活必需品换取天主教徒和僧侣的祈祷是一桩物超所值的买卖。施舍者还会有一种坚定的信念——自己乐善好施的善举至少能让自己变得更加高尚或者能为自己的某些过失赎罪。

从某种程度上来说，依存在施舍之上的禁欲主义行为也能为一个社会作出应有的贡献：正是有禁欲主义行为和苦行者的存在，才让人们变得更加富有同情心和更加博爱。即使对于蔑视享乐主义生活的哲人，他们也会愿意在向他人宣讲自己哲学思想的同时，换取到他人施舍的食物或瓦罐之类的栖身之所。不过这种事件存在的前提是必须有足够多的人愿意充当苦行者的传道对象，而且以瓦罐或木桶为家的苦行者不能太多，否则当人们对瓦罐和木桶的需求量升高后，根据"物以稀为贵"或"效用理论"的经济学原理，瓦罐和木桶必然会演变为一种奢侈品。

"人人为我，我为人人"的社会并不存在

康德的"绝对命令"更加适用于在生活各个方面表现都很自私的人。这个世界上并不存在人人都能成为亿万富翁的生活。事实上，2008 年银行业危机后出现的金融危机就是最好的例证。金融危机后许多人进入了一种"无差距"的生活状态——即大多数人的收入大幅缩水，并且原来自己的劳动生产力所产生的价值已无法满足自己当下的物质生活。

社会中的许多制度和体系都是为了维护大多数人的利益而制定的，如社会救济与福利体系。在这样的体系下，只要大多数人缴纳社保基金，那么真正有医疗需要的人就可以从中受益。诸如为了控制危险性疾病的国家疫苗接种项目就是一项提高国民身体免疫力的"强民"计划。

人们在社会中有选择自己做出何种善举的权利，当然如果对于某种善举的选择人数过少，那么这种善举将会逐渐消亡。但是施舍苦行者的善举会不会从此消亡呢？西门·斯提来特和第欧根尼不可能依靠政府拨款来维持生计，因为"人人施舍"的救助体系毕竟是有其自身局限性的。

或许因为苛求太多，所以康德的观点也不是完全正确的。同样，人人都成为消防员也是不可能的。

一个社会的正常运转源于人们多样化的需求。社会可以满足一定数量人群的依赖性选择或依赖性需求，但是在每一个社会都存在着一种微妙的平衡关系，即社会只能在一定限度内满足人们所做出的选择或需求。还以次贷危机为例，当次贷危机中负债累累的借款人已无力按时偿还借款时（即当社会当中大多数人的还款能力已无法支撑自己庞大的借款需求时），那么也就意味着一种社会平衡的崩溃，而崩溃之后，接踵而至的必然是一场空前浩劫——美国经济全面衰退以及全球经济增速放缓。

麻疹、腮腺炎和风疹混合疫苗：一场源于绝对命令的教训

刊登在 1998 年英国著名的医学杂志《柳叶刀》上的一篇具有争议性文章称"给儿童注射预防麻疹、腮腺炎、风疹三联混合疫苗会导致他们出现自闭症"。随后，许多父母都拒绝给自己的子女接种这类疫苗。于是，随着接种疫苗儿童人数的下滑，截止到 2008 年，麻疹成为 14 年以来对英国危害最大的一种流行性传染病。因拒绝接种麻疹、腮腺炎和风疹混合疫苗而引发的疾病会对儿童的健康造成持久性的伤害，甚至还会导致儿童的死亡。

如果大多数人都接受了疫苗接种，那么到时只是极少数人没有大多数人所具有的群体免疫力；反之，如果只有少数人接受了疫苗接种，那么大多数人都会成为这些病毒的易感人群。这样，我们是应该尊重父母给子女进行疫苗接种的道德选择权呢，还是应该让这些父母去接受疫苗接种后一些微乎其微的风险？事实上，进行疫苗接种是不会引起自闭症的，但是拒绝疫苗接种已造成英国多种疾病肆虐及四起死亡病例的产生。

第 23 章

你惧怕人工智能吗

人工智能有哪些缺陷？

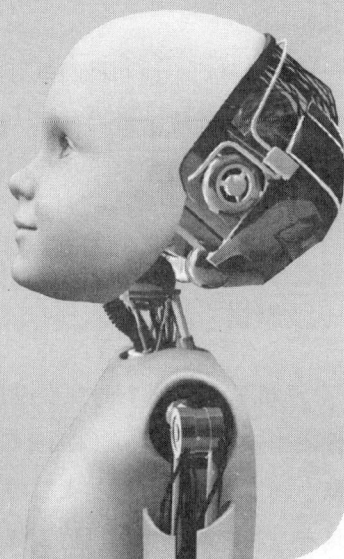

大量科幻小说和科幻电影中都会出现人工智能机器人统治世界并将人类赶尽杀绝的情景。这种事会发生吗？我们会纵容事态发展到这一步吗？

一级恐惧

"机器人"这个词首次是出现在捷克剧作家卡雷尔·恰佩克（Karel Čapek）的科幻舞台剧《罗梭的万能工人》中。该剧讲的是具有自我复制能力的机器人奴隶向人类发起反抗并试图毁灭人类的故事。

人类对机器人统治人类世界的恐惧自打机器人诞生之日就存在了。虽然看上去不太可能，但是有朝一日这一天会不会真的到来呢？

机器人三大定律

美国著名科幻小说家艾萨克·阿西莫夫（Isaac Asimov）在其 1942 年出版的短篇小说《环舞》（*Runaround*）中提出了"机器人三大定律"：

1. 机器人不能伤害人类个体，也不能对人类个体受到的伤害坐视不理；

2. 在不违背第一条定律的情况下，机器人必须坚决服从人类的命令；

3. 在不违背第一条和第二条定律的情况下，机器人必须具有自我保护的能力和行为。

后来阿西莫夫又补充了一条"零规则"，即机器人不能伤害人类，也不得在人类身处险境时袖手旁观。

机器人会与人类为敌吗

科幻小说或电影通常会出现这样的场景：无论是按照我们人类的设计需要还是偶然的情况下，最后人类制造出来的机器人都具有了自我认知能力。接下来发生的就是机器人向人类进行反抗并摧毁人类的一切文明。不过，这些机器人或许有着比人类更加缜密的逻辑思维，或许还能更好地处理"人"与自然的关系。比如，人类在耗尽自然资源的同时还引发了全球气候变化，这种问题或许不会出现在机器人的世界的。

或者机器人也许会对自己卑微的社会地位感到不满，这种不满情绪主要表现在以下两方面：（1）对单调乏味、重复性劳动感到厌倦，不甘心被人再当作奴隶一般对待；（2）决意像奴隶一样开始推翻统治阶级——人类的统治。对于任何一种思想独立的智能机器人都会出现第一种表现；而第二种情况的发生还需满足一个必要条件：即机器人内心有一种强烈的被压迫感或有一种改变自身命运的迫切需求，也就是说机器人需要有自我意识。然而，以上任何一种情况出现的前提是：人工智能都必须具备一定的逻辑推理能力，或者说人工智能产品必须通过复杂的编程语言进行制造。

> 尽管现在的机器几乎还不具备自我认知能力，但是谁也不能保证未来的机械生物能否通过最终的进化而产生自我认知。而软体动物本身是不具意识的。回顾过去几百年来生物的进化历程，我们不难发现机械生物的进化速度是惊人的，而反观动物与植物的进化速度却是相当缓慢的。如果说过去的机器还只是一堆'破铜烂铁'的话，那么现今的（截至五分钟之前的）机器已成为一种组织结构高度发达的机械生物。
>
> 塞缪尔·巴特勒（Samuel Butler），《乌有之乡》（Erewhon）

禁止制造人工智能

　　既然我们在某些科幻小说或电影中能看到机械生物统治人类世界的场景，同样也能看到人类禁止制造人工智能或战胜人工智能的情景。美国科幻小说家弗兰克·赫伯特（Frank Herbert）之子布赖恩·赫伯特（Brian Herbert）为其父的沙丘系列（Dune Series）作品续写了前传——《沙丘前传：巴特兰圣战》（Butlerian Jihad）。前传的故事发生在沙丘系列故事开始之前的 10 000 年以前，那时人工智能与人类之间的矛盾逐渐激化，于是人类文明已不允许任何智能机器的存在，随后人类开始颁布禁止制造人工智能的法令，其中一条禁令就是"不可再制造能像人类一样思考的机器。"

技术奇点

　　1993 年，美国数学家弗诺·文奇（Vernor Vinge）提出了"技术奇点"这个概念，指的是一个人工智能的智慧超过人类智力的时间点，到达那个时间点后，人工智能可以将自己变得更加先进和强大，而且人工智能的智慧也将远远超过人类的理解范畴。到时"人类时代"也会随之终结。起初科幻小说家想借助技术奇点的概念来为自己的大胆想象寻找理论支撑，诸如未来智能机器将毁灭人类、称霸世界；人类将受智能机器的奴役；或许还有一种美好的可能就是——智能机器将为人类建造一个更加适宜居住的极乐世界。但是不管怎么样，随着人工智能的不断进化，我们会越来越难设想它们的智慧程度将发展到何种高度，同样也无法预测它们未来将会做些什么。我们不妨做一番大胆的预言或最好称之为大胆的猜想：鉴于目前计算机技术的发展水平，技术奇点出现的时间或许就在 2025~2045 年。

何谓智能

　　目前我们对"智能"的定义还未得到大家的普遍认同，所以也很难为"人工智能"做出明确的定义。然而大多数人都认同这种观点——人工智能并不是一种只会简单地服从指令，

循规蹈矩的机器，比如，现在的计算机在某些方面的能力都大大地超越了人类。智能看起来涉及学习能力，创造性思维的开拓能力，甚至是建立或洞察事物之间潜在联系的能力。而人类的智慧体现于通过讲笑话或隐喻的手法来制造幽默、寻找和运用事物之间的细微差别、理解或阐述某个词语在上下文中的特定含义以及通过观察他人的行为举止来掌握人们的行为特征。

理论上说，人工智能的机器人医生会比人类医生对病人的病情做出更准确和更快速的诊

图灵测试

被誉为计算机科学和人工智能鼻祖的英国数学家阿兰·图灵（Alan Turing，1912—1954）于1950年提出了"图灵测试"，这项测试的目的在于向人类证明人工智能技术是否已经实现，并确定一台计算机是否真的具有如同人类的思维能力。一台计算机能否通过图灵测试的判断依据是：在与计算机进行互动问答时，如果人类测试者将自己的对话对象当成人类的话，则意味着这台计算机通过了图灵测试。不过阿兰·图灵认为我们不妨设计出一种智力达到儿童同等水平的计算机，然后慢慢启发和教授这种儿童型计算机，而并不需要直接制造出一台具有成人智力水平的计算机。

不过图灵测试的依据也遭到了一些专业人士的反对，其中一种观点认为图灵测试对人工智能与人类智能的相似度要求过高，这是不现实的。正如两位人工智能专家斯图尔特·罗素（Stuart Russell）和彼德·诺米格（Peter Norvig）所指出的：尽管飞机的出现已帮助人类实现了飞行的梦想，但我们依然不能要求飞机完全像鸟儿一样在空中自由地翱翔。事实上，我们之所以选择制造飞机是因为仿生学也无法直接把人类改造成"陆空"两栖类动物。

断。这或许是得益于这种人工智能机器人的强大储存力，可以将数以百万计的病症信息存储起来，并寻找出不同病例和不同症状的相互联系，最后为患者推荐一个最佳的治疗方案。

但是，人类医生可以通过观察一个人的面部神情（如出现沮丧的表情），然后判断出这个人是不是真的因为胃痛而唉声叹气；或者对"病人因为讳疾忌医而隐瞒病情"的现象做出准确判断。以上这些恐怕是令机器人医生望尘莫及的诊断经验。

我们与人工智能近在咫尺吗

我们是否已经创造出了真正意义上的智能化、有意识判断力的计算机？还是说人工智能对我们人类而言只是一种遥不可及的梦想？这两个问题的答案其实取决于你的询问对象。

> 如果一部机器能有如同人类一般智慧的行为表现，则可以说这部机器具有与人类同等的智力水平。
>
> 阿兰·图灵

神经学家首先指出动物大脑是一种结构复杂的器官，其次认为计算机的功能仅仅局限于模仿一些结构最为简单的器官。另外，研究发现整个互联网结构的复杂程度还不及一个人体大脑的神经网络。换言之，无论是人类大脑所能办到的事还是不能办到的事，对计算机来说都是不可能完成的任务。另一方面，计算机科学家指出他们正在通过不同的方法来研发一种能模拟人脑神经元的芯片并开始以模块化的形式构建一种"类人脑"。这样做的目的是模拟真实大脑（但未必一定是人脑）和神经系统的组织结构。而一些人工智能研发者甚至认为并没有必要去刻

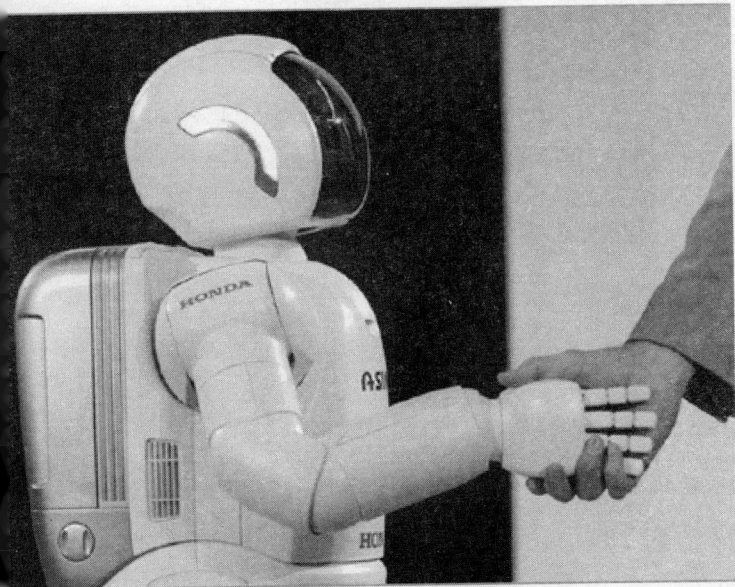

意模仿大脑的组织结构以达到产生智能的目的。

我们真的能研发出"类人脑"吗

即使我们的研究成果可以"看作"是人脑或具有人脑所具备的功能，哲学家们还是对是否能研发出电子化的人脑仿制品或一种智能非仿制品人脑存在分歧。

美国当代著名哲学家约翰·塞尔提出了一个叫作"中文房间"的思维实验以解释说明人工智能不可能具有人脑的理解力的论断。实验的过程是这样的：假设有一个以英语为母语而对中文一无所知的人被关在了一个房间里，这时房间外的人递给他用中文书写的问题让他解答。尽管他完全不懂中文，但他可借助手边的一本全能工具书来帮他查找问题的答案（这本工具书其实是一本英汉双语大辞典，对汉语语法和词汇都做了详尽的注解）。最后他将写好答案的纸条传给房间外的人，这样房间外的人会误以为他是一个母语为汉语的人。这个实验是为了证明人工智能就像上述房间中那个"混淆视听"的人一样，所以这个人能熟练使用中文和人工智能具有人类的理解力一样——都只是一种以假乱真的表象。塞尔后来还对弱人工智能和强人工智能做了如下区分：

- 一台人体外形的机器如果具有人类行为，那么它就是弱人工智能。
- 一台人体外形的机器如果能模拟人

缓慢的处理速度

2005 年，人工智能计算机已经拥有了 10^{11} 个神经元，但是还是需要 50 天时间才能处理完人脑在 1 秒钟就能完成的活动。

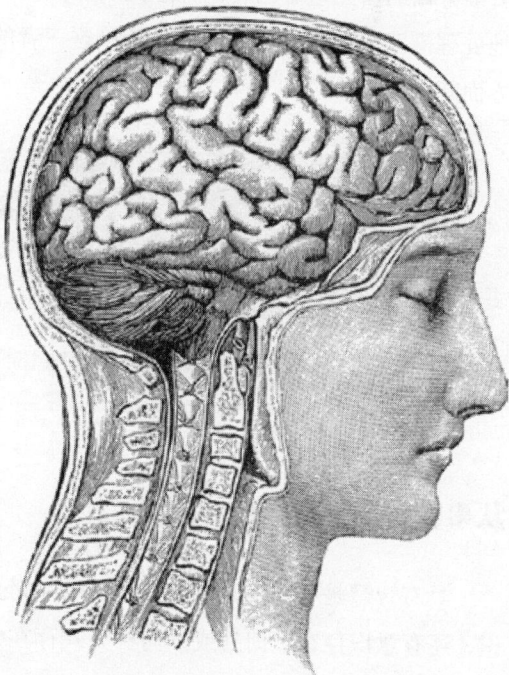

类的思维方式和心理状态，那么它就是强人工智能，而哲学家所关注的就是强人工智能。

早期人工智能的开发者认为大脑是按照一定的规则来处理大量信息的，所以我们只要能仿制出一台能遵循同样规则的机器即能实现人工智能。然而事情并非设想的那样乐观，因为像组成人类智慧的潜意识本能以及各种专业技能是无法设计成一套规则或算法让计算机执行的。因而这也是导致人工智能医生诸多缺陷的原因。美国哲学教授休伯特·德莱弗斯（Hubert Dreyfus）对于人工智能的缺陷是这样认识的：人类真正的智慧和专业技能并不是为了回答"是什么"的问题（事实性知识），而在于解答"如何做"的问题（具有实际操作意义的知识）。

图灵对于他人的异议是这样回应的："人类直觉也是遵循规则的，只不过我们自身对此还没有一个准确的认知。"如果是那样的话，或许当我们认识到这些规则并将它们设置为程序，到时人工智能自然也就可以遵循这些规则了。从 20 世纪 70 年代开始，德莱弗斯在人工智能方面的研究重心已转向神经网络和演化算法领域。进行这两个领域研究是为了有针对性地处理潜意识过程、语言情境和链接这三者的关系，而早期的人工智能模型并未处理过这三方面问题。

哲学僵尸

"一部机器是否具有思想"这个问题是由"他心问题"演化而来的。而"他心问题"处理的是有关我们是否能确保一个人或一个物体具有心智的问题。也许你会是这个世界上仅存的一个具有心智的人，而其他人也许只能看作是机器人或哲学僵尸。

从事物到生物的转变

具有智慧是一回事，而具有意识或许完全就是另外一回事了。而且，人类对于什么是意识，还有意识存在于何处或以何种方式存在并未达成共识。约翰·塞尔提出意识源于大量的神经元组合，正如潮湿的特性源于大量水分子的集合（详见本书第 6 章"人的身体中有灵魂存在吗"相关内容）。如果是这样的话，一部智能机器可以认为是一部有意识的机器。

我们可以想象不同于人类意识的意识存在吗？美国哲学家丹尼尔·丹尼特声称机器是具有"意识"的，甚至一个温度调节器也是具有一定"意识"的。他的这种观点并未得到广泛的认可。但是如果认同"一部机器是具有意识的"这个观点，那么就相当于打开了一个全新的，装载大量难题的潘多拉魔盒。试问，具有意识的机器能否对期盼、绝望、痛苦、愤怒、爱情、好奇、嫉妒、渴望还有自豪有所感触？如果机器也能具有这些感受的话，那么是不是也应该具有和人类一样的权利？那么对于"机器"这种事物，我们又需肩负什么样的责任

机器人之爱

于 2001 年上映，并由斯蒂芬·斯皮尔伯格担当导演的《人工智能》这部电影讲的是一个发生在机器人小男孩大卫身上的故事。自从大卫身上的"情感程序"被他的养母莫妮卡启动后，他就拥有了如同人类的情感并对莫妮卡产生了一种不离不弃的感情。爱的情感是永远不会消亡的，即使再过 2000 年，小大卫还会像一个纯真的孩童——深深地爱着那个曾经将它领养回家的母亲莫妮卡。那么我们应该对如同至亲一般关爱着我们的机器人负有什么样的责任呢？

在日本，政府会为致力于研发赡养老人的机器人公司提供 50%~60% 的科研补贴。因为日本是一个严重缺乏护工劳动力的国家，机器人护工的出现将很好地解决劳动力不足的问题。我们对人类越来越依赖机器人或在情感上越来越依恋机器人的这种现象应该作何感想？

呢？或者说机器能不能被看作是一种"生命"的存在？以上这些问题常常会成为一部科幻小说或科幻电影热议的话题，而不会成为各大高校哲学教授的常规课题。

我们能赋予机器多少权力

尽管机器人杀手反攻人类的那一天还远未到来，但在我们日常生活中对于高科技的依赖已越来越严重。比如爆发于 2007 年和 2008 年的次贷危机，从很大程度上讲它是由失控的计算机算法而引发的。当然这场次贷危机与布莱克—斯克尔斯定价公式（Black–Scholes equation）在金融衍生品交易中的滥用也不无关系。所谓金融衍生品，简单地说就是一种无形的假设性货币资产或是一种具有预期收益的金融产品。据统计，每年全球金融市场中进行交易的金融衍生品价值总量可达到千万亿美元，这相当于 20 世纪 100 年以来全球制造业产品总值的十倍。在实现了让计算机在一微秒内执行若干个指令技术的同时，我们不得不承担各种情况失控的风险。当我们沉浸在计算机为生活带来种种便利的同时，或许还需时刻提防高科技产品带给我们的无形伤害，即使我们不会专门制造出一种有害于人类的智能产品。

我们需要限制科学技术的发展吗？

科学知识犹如是一把双刃剑，在造福人类的同时也隐藏着灾祸。正如《圣经》中描述的：自从人类堕落以后，知识就常常会带来灾难。掌握了有关亚原子的物理学知识，我们不但可以制造核武器，而且还能在医学领域有所建树，诸如核磁共振成像与造影扫描这两种医学诊断技术的应用。掌握了生物学中基因组的专业知识，一方面可以使粮食产量增加，另一方面还能帮助我们治疗疾病，但是这种技术一旦落入恐怖分子或战争贩子的手中，后果将不堪设想——他们可能会制造出足以毁灭人类的生化武器。这样的话，是不是意味着我们最好不要触碰有可能危及我们安全的技术知识？为了规避未来各种潜在的风险，或基于人类伦理道德的考虑，我们是否应该限制人类在某些科学领域所进行的研究？又或者说，如果某个坏人在掌握了这些科学技术，那我们会不会变得更加被动和不堪一击呢？

杀人机器早已出现

在战争中由电脑控制，可携带武器的无人机是一项备受争议的应用。赞成在战争中使用无人机的一方认为：无人机的应用可以大大降低"我们"士兵在危险任务中或在敌占区执行侦查中的伤亡；而反对的一方则认为：我们这样做其实是默认了在借"科学技术之手"去残杀手足的事实。无论双方最后争辩的结果如何，无人机还是会在人类的旨意下执行寻找目标、确认目标、最后击毁目标的命令。

无人机的应用很大程度上是符合功利主义思想的，因为这样做可以有效地打击某个特定目标（通常是潜藏在敌区的叛乱暴徒），并且最大限度地降低人员的伤亡（比如减少对无辜人群的伤害）。哲学家将这种争议性问题归结为"事实与价值"的关系问题。对于无人机这个问题的事实就是尽管我们可以借助无人机轻而易举地歼灭目标，但事实并不意味着我们应该这样去做。

反对应用无人机的人会从道德的层面出发，并且对功利主义思想也持保留态度。他们指出无论如何无人机还是会造成意外伤亡的，既然武器都会带来人员伤亡，那么对于哪种武器

无人机的应用已经违反了阿西莫夫提出的前两条"机器人定律"：因为无人机会伤害人类；当给人类造成伤害后，它们还是会义无反顾地执行命令。

更具"人性化"（相对减少无必要的伤害）的争论是毫无意义的，比如像能产生大规模杀伤性威力的武器是永远不会被提倡的。

　　无人机的例子还引发了人们对另一问题的热议，即我们是否可以接受非战争性的杀戮手法，也就是说将杀戮限制在电脑游戏当中。但是这样做还是会给操作无人机的技术人员造成严重的心理和精神伤害。2001年，来自于美国五角大楼的一份报告指出有30%的无人机操作者患有一种称为"生存危机焦虑症"的职业病。然而更加令人担忧的是：如果这些无人机操作者没有患有"生存危机焦虑症"，则在他们的潜意识中会形成一种"杀戮是一种常态化行为"的思想。无人机任务是受到高度保密的，因为它们所袭击的目标往往是由政府高层和军事首脑所指定。当然，这种缺乏透明度的军事行为也许还会招致国际政治和哲学界的非议，比如有的哲学家就会认为"对于战争而言，伦理道德就是一种无稽之谈"（详见本书第18章"为了赢得爱情或战争，我们可以不择手段吗"）。

IDEAS TO SAVE YOUR LIFE

THE 15-MINUTE PHILOSOPHER

第 24 章

我们正在被监视吗

政府方面声称监视纯粹是为了保护我们免受不法
分子的伤害。但是这样做的代价是什么呢?

无论你身在何方，小镇或是城市，你都会受到监控摄像机的密切关注。另外，来自政府的监控还包括对我们的电子邮件、手机或座机通话、短信以及我们网上所有的操作记录，因而不难发现我们的生活几乎是无隐私可言的。这种对于广大群众的监控有何意义呢？这种做法是好还是坏？我们怎样才能平衡公众安全和公众隐私这两者的关系呢？

你被拍摄了

安装监控摄像机是为了更好地监测和威慑各种罪案的发生。监控摄像机会针对指定区域进行视频录制，当有罪案发生时罪案现场的监控录像就可以为警察提供一些有价值的线索。所谓"威慑"主要是指监控摄像机的存在可以对有作案动机的人起到一种阻吓作用，因为毕竟不会有谁会愿意在犯罪现场留下自己的犯罪证据，给自己惹祸上身。不过，对于监控摄像机是否真的能降低犯罪率的这个问题还是存在争议的。有些专家指出，繁华街道灯光的光照很强，这样可以有效地提升夜晚的能见度，也就是说有效的光照也能起到和监控摄像机同等的作用。

定点监控，还是流动性监控

如果你认为你可以逃脱法律的制裁，那你会不会犯罪？也许并不是什么严重的罪行，比

内疚、羞耻和畏惧

有些人之所以不做违法乱纪或有违道德的事，或许出于以下几方面原因。

- 对惩罚的畏惧。如果对惩罚的畏惧是唯一一种遏制犯罪的手段，而一旦撤销了对违法行为的惩罚，那么这种畏惧心理自然会随之消失，最后犯罪分子还会逍遥法外。

- 羞耻感。脱离社会群体的个体是不会产生荣辱感的。我们之所以会产生羞耻感是因为我们的某些行为会受到公众的一致责难。

- 内疚感。内疚属于一种个人情感。如果我们做了某些自己后悔万分的事，无论这些事会不会造成不良的影响或是会不会被他人发现，我们都会感到内疚。

　　内疚感是内化道德体系的标志，一个即便对道德没有任何认知的人依然会对惩罚产生畏惧心理。而羞耻感是介于内疚感与畏惧感之间的一种情感，换言之，一个有羞耻感的人一定对道德体系有所认知，但是这种认知并不包括道德体系中的所有道德准则。

如一些微不足道的过失，就像是你会不会选择一条"限制通行"的道路作为你通向某地的捷径？

如果有个警察站在"限制通行"的标志旁边，那么恐怕不会再有人为了抄近道而铤而走险。但是警察不会每天都出现在那里，下次当那里没有警察的话，人们或许就会选择使用这条近道了。现在，假设警察不会再像以前那样定点执勤而调整为流动性执勤，即他们会在"限制通行"的道路上来回移动。所以，下次谁也无法保证不会在那条近道上碰到警察。即使警察沿着那条近道走向了别的岔路，不过当你驾车行驶到近道尽头时或许刚好又会遇到警察。所以绕行也许是你的最佳选择。最后，我们可以得出一个反直觉性的结论："警察可能出现在那里"也许会比"警察一定会出现在那里"起到更好的警示作用，因为在上述的第二种情况中，如果警察没有选择定点执勤的话（即对于是否会有警察出现你是不可知的），那么对你也就失去了一种警示和威慑的作用。像警力有限的地方政府可以选择让警察在一些道路进行流动性执勤，因为即使人们看不到警察的身影，但他们对那些藐视法纪的人还是存在一定威慑作用的。

注意！你被人监视着呢

18 世纪晚期的哲学家杰里米·边沁提出了一种实验性的监狱设计理念，目的在于警戒囚犯——他们会时刻受到狱警的监视。他将自己设计的监狱称为"圆形监狱"，顾名思义它是一种圆形结构。这所监狱的四周是环形的牢房，而每间牢房窗户的位置都面向位于监狱中心的中央瞭望塔。坐在中央塔楼瞭望室的狱警可以透过百叶窗观察到瞭望室之外的情况。事实上，囚犯在牢房中的一举一动都会受到狱警的监视，但是牢房中的囚犯看不到瞭望塔内的情况。边沁的设计在于实现这样一种效果：囚犯对狱警是否在监视着

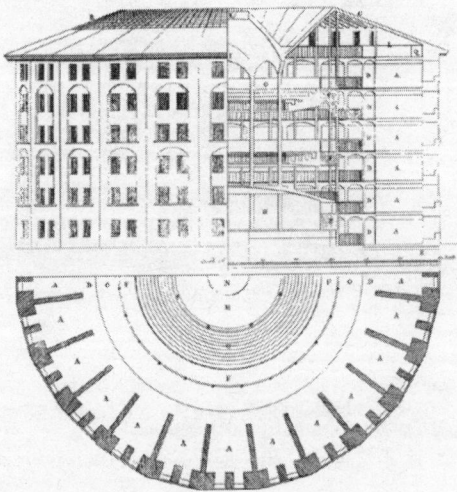

他们以及何时会受到狱警的监视永远不得而知，这样一来囚犯会变得"安分守己"。另外，狱警们还可以不被察觉地通过蜿蜒的走廊进出瞭望塔，所以狱警并不需要一直监守在监狱里。继而这种潜在性监视可以达到与真实性监视同等的效果。

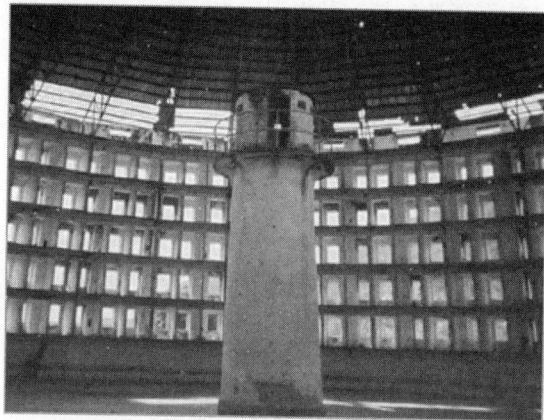

边沁将这所圆形监狱描述成"一种能监控人思想的全新模式"，这听起来让人会感到些许的沉重，但是边沁设计这所监狱的初衷并不是要将它作为一种人压迫人的工具。事实上，他本人不但支持个人主义而且还倡导言论自由、男女权利平等、平等的离婚权利、同性恋合法化以及废除奴隶制和死刑。以上都是他在18世纪晚期激进的奋斗目标。此外，他还将圆形监狱看作成"一台能让地痞流氓改邪归正的碾磨机"。不仅如此，他觉得圆形监狱在改造罪犯和让罪犯接受再教育方面具有一种无形的力量，用他的话说就是："当这种圆形的、全景式建筑风格得到广泛应用后，它可以改良人的品行、增强人的体质、提高工厂的产量、使指令得以更好地贯彻实施，最后还能减轻百姓生活负担！"

以上只是边沁个人对于圆形监狱的看法，而法国哲学家米歇尔·福柯（Michel Foucault）

一种虚拟的圆形监狱

在乔治·奥威尔1949年出版的政治小说《1984》中，百姓都会受到安装于家中和公共场所的"电幕"的监视：

"对于何时会被监视，你们当然是不可能知道的……你不得不做出这样一种下意识的假设——即自己发出的任何一点声响都能被人监听到，自己的一举一动都会受到严密的监视（除非你待在一个不被察觉的漆黑角落）。而这就是你必须要习惯的一种生活。"

认为圆形监狱是一种规训权力的象征，而这种规训权力具有其强大的渗透性和扩散性。福柯的这种观点也是人们普遍接受的。

你能让地痞流氓改邪归正吗

圆形监狱里的囚犯也许会本本分分地做人，但这仅仅是因为他们觉得自己的言行举止都在别人的监控之下，并且惧怕会因自己的不良表现而受到惩罚。所以他们并没有真正的改邪归正，这仅仅是一种屈服的假象。边沁也许会认为如果囚犯能一直做善事，那么他们会习惯于这种善行，在某种程度上，这种善行也会成为他们的一种本能选择。当他们将"做好事"这三个字铭记于心或者当"做好事"成为他们无意识的一种选择后，就

> 那种从属于一种可见领域并对此自知的人会承担限制他人权力的责任。同时他还会限制自身的权力。事实上，他在这种权力关系中扮演着双重角色，并时刻将这种权力关系铭刻于心。他也就成为了自我征服的本原。
>
> 米歇尔·福柯，《规训与惩罚》

说明他们彻底改邪归正了。这个情况其实与父母教育小孩每天坚持刷牙是一个道理，当小孩长大成人后，他们自然会养成每天刷牙的好习惯。

如果你祈求得到的仅仅是一个人人遵纪守法的社会，那么或许只要人人选择不假思索地服从就足够了。但是伊曼努尔·康德并不认同这种观点。尽管康德支持人们去遵守道德法则，但那是因为道德法则也属于法的一种形式。他让他们遵守法则，是因为他们本身愿意遵守，因为他们有做一个良好公民的意愿。

不假思索地服从并不表示你就是一个有道德的人。事实上，长期的监视和对惩罚的恐惧可能会造成一定的恶性影响，而且这样还会阻碍我们个人道德观的形成。如果我们不能做到以下几点：即经常性地锐化自己的道德判断力、反思自己的行为、依照道德准则去审视自己的言行，那我们自己的道德标准也会逐渐下降。

边沁认为将准则作为自我一部分的人会成为顺从的臣民，而在福柯看来人们之所以会屈服是因为他们将准则作为自我的一部分。

不假思索地服从于权威会造成可怕的后果。一个健康的社会，人们必须能为自己的道德选择负责，还要有质疑自己决策的勇气，比如说集中营的建立。

你会为自己的孩子过滤互联网上的不良信息吗？

最近家长都在为互联网上少儿不宜的信息对子女造成的不良影响而备感忧虑。有些家长会通过一些过滤软件来保护孩子免于接触到一些暴力或色情的信息，不管这种接触是偶然性的或还是有目的性的。但我们更加需要培养儿童的自我约束力，以防他们因网上的不良信息而意志消沉或被伤害。在许多人看来，这就意味着我们要对少年儿童的上网活动进行监督和管理，但是随着孩子年龄的增长，我们也要尽可能减少对孩子的过分保护和管理，因为这样才能让孩子学会自我约束并对自己负责。反之，娇生惯养、永远生活在父母庇护下的孩子将来很难具备独立生活的能力。

"既然你问心无愧，那你又何必遮遮掩掩"

2013 年，美国计算机专家爱德华·斯诺登（Edward Snowden）向媒体公开了一个惊人机密：美国、英国还有以色列这三国公民的日常网上活动都会受到其政府的高度监控。然而更加令人震惊的内幕是：美国政府除了会对本国平民进行日常监控，还会对欧洲各大政要实行暗中监视，其中包括对德国总理和罗马教皇的监视。当这一高度机密曝光之后，斯诺登因间谍罪和盗取国家机密两项罪名被政府通缉，随后他不得不选择逃离美国。

斯诺登一案再度引发了人们长期以来对有关"隐私与安全"这个问题的热议。一方面，站在政府的角度，主张对公众进行监视的政府认为只要你胸怀坦荡，就没必要遮遮掩掩；而另一方面，反对被人监视的公众则认为：如果他们没有犯错，那么他们应该有自己的隐私权。随之，公众也因不同的观点而一分为二。一部分人会因为政府的安保措施而倍感欣慰，而另一部分人则会将安保措施看作是对自己的人身侮辱。

为监视行为辩护

美国哲学家埃默里斯·韦斯科特（Emrys Westacott）曾经提出以下几点来判断监视行为的道德合理性：

- 监视的理由是否正当；
- 监视手段是否合理；
- 监视给人们带来的侵扰是否可控。

尽管有上述几点作为监视行为的前提条件，但是受监视的公民还会为自身的安

因为谁也无法为你提供 100% 的人身保护，同样也没有人能保证你的隐私会受到 100% 的保护，想通了这一点，你就不再会因隐私被侵犯而感到不适了。

美国总统巴拉克·奥巴马

有些评论家对"在隐私和安全之间作出取舍"的这种做法提出了质疑，并要求政府应该出台一些不会侵犯公民隐私的安全措施。

有的人对机场安检力度的升级持反对态度，而有的人则持欢迎的态度，因为这样能让他们的旅途更加安心。

全以及政府所采集信息的准确性而忧心忡忡，甚至还会担心自己的个人信息会落入不法分子的手中。这样看来政府似乎是掌控着一切，然而事实并非如此。在一个民主国家，统治者为了政权的稳定，政府对其国民的信任也是有所保留的。同样得不到信任和尊重的公民也不会信任和尊重他们的政府。

在民众被问及"自己所受到的监视是否感到合理"以及"是否能容忍他人侵犯自己的隐私"时，他们首先会想这么做是为了保护谁的利益。当我们认为监视是出于对我们的保护时，我们则会对这种监视行为做出最大限度的容忍。有这样一种方针受到美国和英国政府的大力推行：监控强度越高民众的安全感越强。然而有时政府进行监控是为了维护政权的稳定，而最坏的一种情况则是为了保护当权者的利益。在这种情况下，民众怎么可能心甘情愿地将自己的隐私权拱手相让，毕竟这不是一个公平的交易，相比于隐私权的丧失，我们得到的好处少得可怜。

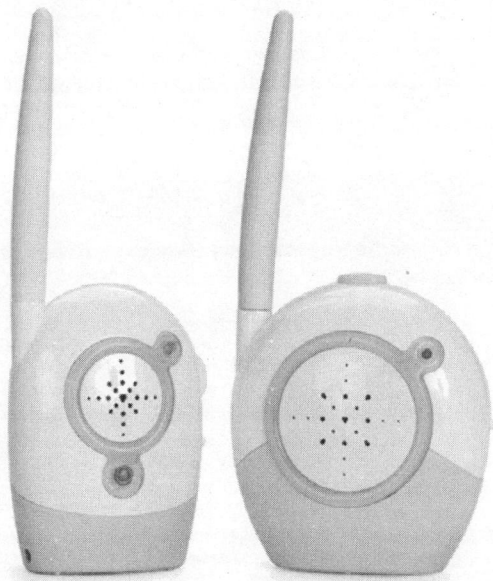

在婴儿房安装监控器虽然也会侵犯到婴儿们的隐私，但是却得到了公众的普遍认可，因为这样做完全是出于对孩子的保护，同时监控器的使用还能给孩子的父母或看护者带来一种心理上的安慰。另外，大家似乎达成了这样的一种共识——我们无需顾及婴儿的隐私，"隐私"只是在孩子慢慢长大之后我们才会关注的问题。

人，仅仅是一种数据编码

对有些人而言，科技在个人通信监控领域中扮演的是一种邪恶的角色。而在这种监控技术面前，人们会被当作一种简单的数据，在这种情况下，人们会有一种被羞辱、被蔑视和被剥夺人格尊严的感觉。在任何领域，无论是人还是计算机都会出现失误，这时我们许多人就开始为人类某时的计算失误或某个错误的程序算法所带来的不良后果而惴惴不安。如此，对公众的监控不仅会侵蚀到我们的隐私，而且还会腐蚀我们的人权、人格意识以及做人的价值。

第 25 章

你会 "无事生非" 吗

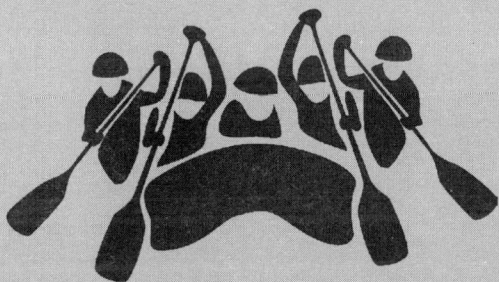

大多数人认可的观点就是最佳观点，这种认识正确吗？还是说有时我们也需要做出一些标新立异、打破常规，甚至无事生非的事情呢？

许多人为了安逸的生活几乎愿意做任何事，但有时他们也会发现自己实在很难与想法非主流的人相处。当我们向别人提出某个很少会有人涉及的难题时，人家也许会这样奉劝我们"请不要无事生非""随大流吧""6千万人（或1亿人，抑或10亿人）所认可的事情是不会错的"可是事情真的如此吗？

人类的错误简史

人们会因某种更高效的做事方法、某个更具感召力的榜样或某个更好的理论原理而不断进步。在人类文明尚不发达的过去，我们的生活一直处于一种愚昧无知的状态。比如：很久以前，我们都认为太阳是围绕地球运动的；在医疗技术水平落后的过去，我们会用带有剧毒的水银来为梅毒患者清洗糜烂的伤口；过去人们会虐待奴隶和妇女；熊猫会被认为是一种神话般的物种。此外，古往今来，人们会有完全不同的宗教信仰并选择敬拜不同的神灵。然而人们过去的种种认识和做法未必能经受时间的考验。同样，一种信念或信条是否能经得起时间的考验与信仰它的人数无关。

蜕变

美国科学哲学家托马斯·库恩（Thomas Kuhn，1922—1996）提出科学的发展模式在很长一段时期内会依附于主流模式之上，之后在短期内会发生激进式的转变或出现"范式转移"。在大多数时候，没有人会选择与常规思维背道而驰。不过只有那些想标新立异或不落窠臼之人才能推动人类社会的进步。然

而受根深蒂固的传统观念的影响，勇于做出改变的人们在其新观点提出之际，通常要遭受各种质疑甚至嘲笑。

波兰天文学家尼古拉·哥白尼于 1543 年在其临终之际出版了他的天文学著作《天体运行论》，其中包含了他著名的"日心说"理论。70 余年后，罗马天主教会坚决抵制哥白尼的"日心说"，认为这是一种愚蠢而荒谬的异端邪说，并责令物理学家伽利略停止在本国教授这种理论。这其中存在着不能忽视的历史原因，因为早在哥白尼之前，古希腊天文学家托勒密（Ptolemy）就提出了地心模型的概念，随后"地心说"就得到了人们的普遍认可，也正因为它得到了人们的普遍认可，最终人们才会将其看作是一种"一致性的真相"。

为了真理宁愿粉身碎骨

当古希腊哲学家苏格拉底对雅典人民的信仰和价值观提出质疑后，雅典人开始对他产生了反感。苏格拉底为了让人们认同他的思想，有时他会拦住在集市挑选商品的路人，然后喋喋不休地与其争论诸如美德或正义这些概念性问题。通过一番激烈的辩论，他很快向众人证明了他们的观点是鲁莽而无用的。但是不久后他就被雅典法庭扣上了"侵蚀雅典青年思想"和"扰乱社会稳定"的罪名，并接到了"立即停止教授哲学"的

《春之祭》——一部别具一格的芭蕾舞剧

由美籍俄裔作曲家伊戈尔·斯特拉文斯基（Igor Stravinsky）创作的《春之祭》不仅是一部芭蕾舞剧而且还是一部管弦乐作品。这部由斯特拉文斯基作曲并由谢尔盖·狄亚基列夫芭蕾舞团出演的芭蕾舞剧，于 1913 年在巴黎剧院进行了首演。然而出乎意料的是，当时这部先锋派作品却引发了台下观众的一场骚动。不过时至今日，《春之祭》已被公认为 20 世纪最伟大的音乐作品之一。

遏令。但他拒绝了，他说为了讲真话和传授哲学思想他宁可赴汤蹈火，也在所不辞。最终，他被判处死刑，饮下毒酒自尽。

安逸的生活

我们都是在某些信仰的伴随下成长起来的。在成长过程中，如果我们发现自己的信仰是错误的，可能会也可能不会对它产生质疑或表示异议，因为我们倾向于认同那些被大多数人所认可的看法和信念，这又是因为大多数人的想法基本都是正确的。此外，大多数人更喜欢受到他人的尊崇，或者至少不愿因自己与众不同的观点而被人嘲笑。

苏格拉底给我们的建议是：无论是社会中的主流观点还是无可争议的事实，我们都不可简单地全盘吸纳，我们需要经过不断地调查考证和逻辑思考，对每一个观点进行认真推敲和审视之后，才能决定所认为的观点是否真的正确或合理。他还认为坚守或拥护你未曾考虑过的观点相当于主动放弃了做人的意义。

告密———种逆水行舟的做法

当我们还是孩子的时候，我们就非常憎恶那种居心不良的告密者，即在我们背后向老师或家长打小报告的人。不过被告发者的不良行为一般情节较轻，通常只能算是一种无心的恶作剧行为。比如一些像"谁把窗户打碎了？""谁把笼子里的仓鼠放跑了？""谁在黑板上写下粗话了？"这类的小事。在成年人看来，揭发自己同伴的行为属于一种通敌行为，而且他们的这种看法是不会随时间而改变的。而在黑社会，告密的"叛徒"一经发现将难逃死亡的命运。我们当中会有多少人是对犯罪行为深恶痛绝但又知情不报的人呢？

为了公众的利益，揭发者通常会向有关部门揭发各种贪污腐败、玩忽职守和幕后操作的不良行为。但是像揭发者这种顾全大局、为人民服务的高尚行为往往还会招致他人的辱骂、迫害等悲惨的厄运。尽管许多国家都颁布了相关法令以保护揭发者的人身安全，但是那些揭发某个机构内部不法行为（尤其是政府机构）的人往往会为此付出惨痛的代价。

> 那种苟且偷生的人生是毫无价值的。
>
> 苏格拉底

个人利益 VS 集体利益

根据功利主义原则，在做决定前我们每一个人都需要权衡每一次的决定会带给我们怎样的成本与收益，以及哪种选择能带给我们最大化的幸福。一般来说，如果揭发他人可以让大

毫无自我判断力并对他人言听计从的做法
是不会带来什么好结果的。

当你遇到以下这些情况，你会不会向有关部门反映？

- 你听到邻居家的大人在冲着自己的孩子不停地大喊大叫，你怀疑她虐打孩子，但你并没有亲眼见到；
- 你一个朋友在电话中告诉你他将自己开车回家，但你从他的声音中能肯定地判断出他已经饮酒。当你奉劝他最好乘出租车回家时，你听到他一边在不屑地发笑，一边在发动汽车引擎；
- 你看到自己发小的死党在公交车站附近兜售大麻；
- 你发现你所效力的公司在他国剥削廉价劳工，但是最后生产出的产品却都贴上了"公平贸易"的标签。

对于上述这些情况，如果你选择匿名举报，结果会有所不同吗？

多数人从危险的境地或凌辱的深渊中得救，那么这种做法是值得的。但是利己主义思想往往会影响我们的选择。假设你身处于一艘正在下沉的船上，这时要让你在挽救"自己的同伴"和挽救"其他两个陌生人"之间做出选择的话，你一般会毫不犹豫地选择救自己的同伴。但是如果你要公正不阿地选择挽救那两个陌生人的生命的话，从此以后你或许会因为"无情无义"或"背信弃义"而失去所有的朋友。

"牺牲" 的员工

这个世界上不乏存在这样一种企业和个人，即为了达到自己唯利是图的目的，不惜采取各种威逼利诱的手段来恐吓或笼络下属为他们隐瞒自己经营当中的那些不可告人的秘密。如果某员工向有关部门举报他的"黑心"老板，那么这个员工或许会失去工作，或许会在以后的工作中处处碰壁。甚至这种存在正义感的员工还会因此失去职场友谊和晋升空间。

许多揭发者会因随后的诉讼和各种挑衅性或恶意的报复行为而失去家园、家庭、

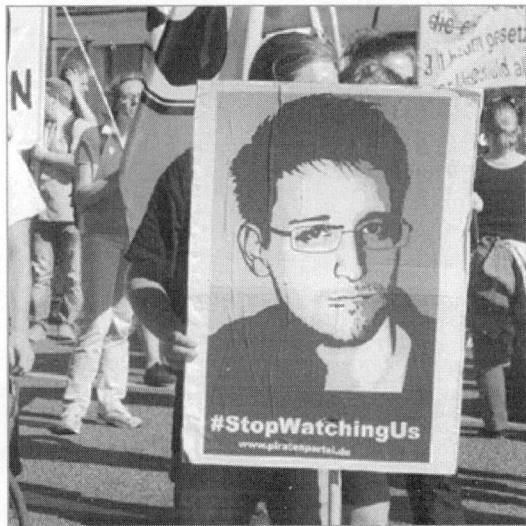

英雄还是叛徒?

美国人爱德华·斯诺登在向媒体公开了"美国政府通过 Facebook 和谷歌上的数据监视本国公民"的这个机密后，他因被控叛国罪而远走他乡。

斯诺登后来说道："我做这一切的唯一目的只是想告诉公众——政府以他们的名义都做了什么以及政府对他们做了哪些不利的事情。"

他号召人民起来反对政府所实施那种自认为必要的安全措施，他的这种做法是否属于叛国行为呢？或者说他这种坚决维护公民隐私权、敢于披露事情真相的做法是否属于英雄般的作为呢？

不过为此他的人生陷入绝境，他或许还会被判处长期徒刑。回顾他所做的一切，我们又该如何评判这个人呢？他是应该被看作是一个为了公正甘愿付出生命的"烈士"呢？还是一个"多管闲事""无事生非"的傻瓜呢？

健康甚至于生命。很多时候，检举或揭发行为并不能实现惩恶锄奸的预期结果，揭发者反而还会因揭发而"名誉扫地"或不得人心，最终他们还是无力与资源庞大的企业抗衡。

你要么选择与其狼狈为奸，要么选择与其斗争到底。

迈克尔·伍德福特（Michael Wood-ford），奥林巴斯前主席兼首席执行官曾向媒体揭露：奥林巴斯高层官员曾经贿赂日本黑帮组织。

部落式的忠诚

人们一般会忠心耿耿地效力于自己所隶属的集体。由于我们所效忠的对象不同，自然对"忠诚"会有不同的理解，而"举报"会使我们原先那种有差别的理解升级为一种价值理念的冲突，比如对于小集体及对于自己关系密切的人员（同事和领导）的忠诚与对于大型集体的忠诚之间的矛盾。假设因举报而获益的人来自于一家孟加拉国某个工厂的工人，那么我们或许应该将本土"部落"的利益放在首位，而不是首先考虑与我们相距甚远、并不认识或未曾谋面的人的利益。

> 所谓良知就是一颗对于该国首脑或最高统治者的忠诚之心。
>
> 阿道夫·艾希曼（Adolf Eichmann），受审于耶路撒冷

良知战胜一切

自从揭发者下决心全盘托出公司内部出现的、有关滥用职权或某些商业罪行的实情的那一刻起，这就说明了这些"告密者"的良知战胜了让他们默不作声的各种规章制度、行为准则或所谓的忠诚。根据生物进化论的创立者查尔斯·达尔文（Charles Darwin，1809—1882）的观点，人的良知会为了缓解个人利益和集体利益之间的矛盾以及维护整个社会集体的稳定而得到进化。从个人角度分析，良知会帮助我们规避一些有损个人荣誉或危害社会的行为。

> 人内在的良知不仅是拯救人类文明的最后一道防线，还是维护人类尊严的体现。
>
> 玛莎·盖尔霍恩（Martha Gellhorn）

我们与其将良知看作成为一种对于理性的认知能力，还不如将其当作是一种人的"直觉"，尽管这种直觉的产生离不开在专门道德体系中所接受的长期教化。这种良知会导致我们产生一种伸张正义的情感，即在这种情感下，我们会认为揭露不公正待遇的做法是合理的，即使作为揭发者的我们会为此付出惨痛的代价。包括圣托马斯·阿奎纳（1225—1274）在内的一些哲学家则将良知看作为一种理性的实践应用。还有些哲学家将其视为上帝赐予人类的一种能力。但我们对良知的认识或许还有失偏颇，比如受雇于专制政权统治的人并不会因为自己压迫和拷打他人的劣行而感到懊悔。相反，他们会认为自己的行为是合理和正当的，那么这些人有良知吗？

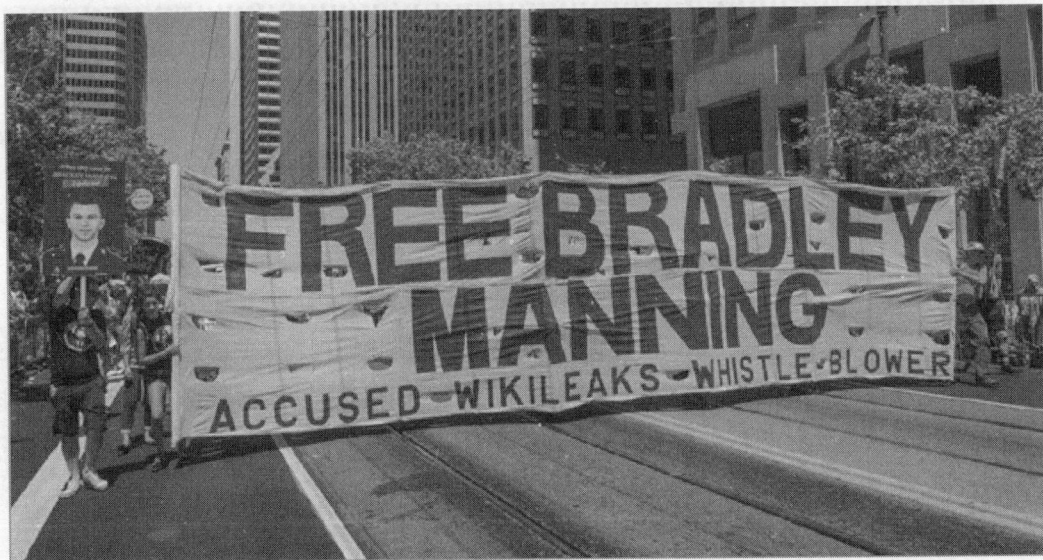

揭发者通常会作为烈士而结束自己的一生。切尔西·曼宁（Chelsea Manning）（以前也叫做布拉德利）因曾经以美国士兵的身份获取并向"维基解密"泄露了大量机密文件和视频档案而被判处35年长期徒刑。其中就包括2007年美军武装直升机向伊拉克手无寸铁的平民和一名记者开枪射击的视频资料。

为自己保留一颗宁静的道德心，你就会获得永远的快乐。胸怀坦荡的人能愉快地面对生活中的任何艰难险阻，而心怀叵测的人会时时处在一种恐惧和不安的心境中。

托马斯·厄·肯培（Thomas a Kempis），《效法基督》（*The Imitation of Christ*）

第 26 章

是否施比受更有福

既然每份礼物都存在捐赠者和接受者，那么是否一方优于另一方？

是否施比受更有福？如果是的话，施舍到底会有多好？谁又能因慈善行为而获益更多呢？是捐赠者还是接受者？

施舍是出于你的意愿或你的义务

根据《古兰经》，穆斯林的五大基本功课之一的第四大功课就是"天课"（zakah）。穆斯林会将出纳天课当作自己的一种义务，他们通常会将自己 2.5% 的过剩财富（即支付生活必需品和缴纳税款后的财富）捐献出来以帮助有需要的穷人。这种做法能起到两个作用：一方面可以帮助穆斯林思考财富的本质是什么；另一方面可以防止他们过度沉迷于物质财富，还可以借助财富再分配的这种方法来帮助更多的穷人解决其生存的问题。其实出纳天课的这部分金额既不属于政府征收的税款也不属于慈善捐赠。但这种非捐赠性质的"捐款"是具有强制性的：

在复活日来临之际，凡是拥有金银而不交纳者，这些人的金银将经过地狱之火的锻造变为烙铁，这种烙铁最后会被用来烙烤不纳天课的人两肋、额头以及脊背。降温的烙铁会被再次锻造，这种烙烤的惩罚会在一天之内（那时一天的长度相当于现在的五万年）反复实施。

以上就是《穆斯林圣训实录》中对于拒绝交纳天课者惩罚的记载。除此以外，伊斯兰教还鼓励但不强迫信徒进行施济或称捐赠。

那些没有宗教信仰或不把做慈善当作一种社会责任的人依然会选择扶贫帮困，那么这种心存善念的人可能也会选择为慈善机构慷慨解囊。扶贫帮困尽管不是一种法定的义务，但是他们认为自己有一种道德义务去履行这些善举。那么义务性质的施舍与非义务的施舍之间有区别吗？

道德观与责任感

哲学家通常会从以下两方面来鉴别一个人的德行：道德观与责任感。道德观一般是开放式的，大到国家政府小到平民百姓我们都可以用"道德观"这个词来评判一个人的德行；而责任感是具体化的，它会涉及到具体的行为。因此我们可以说甘地是一个有德行的人，还有帮助伤者是一种社会责任。这其中当然有相互重叠的部分。富有同情心的人会更愿意将帮助伤者的这种行为当作是在履行自己的职

责。而责任或许是一种让人从道义上感觉必须履行的一种行为，或是在某种强制性规则下的一种行为。

那么，现在出现的问题就是——我们应该怎样做才能提高自己的德行呢？

你会为慈善事业倾其所有吗

无论你是决定去买一顶帽子、去度假，还是花时间看电视，最后的结果都是一样的，即在你选择去做这些事后，你投入在慈善事业中的金钱和时间就会必然减少。慈善行为和慈善捐款带给一个人的总收益肯定会超过从一顶新帽子、度假、或晚上在家看电视当中得到的快乐。但这并不意味着我们就要放弃以上的这些个人喜好而全身心地投入到慈善事业当中。有两种效果论的观点将有助于我们解决这类难题：其一，就是渐进性效果论，这种观点认为我们应该采取必要的行动使这个世界变得更加美好（至少会比我们不作为时更加美好），但是我们也不必做到尽善尽美；其二，则是满意效果论，依据这种观点，如果我们的行为能产生足够好的结果，那么我们只需要投入一部分精力在慈善事业中，而不必全身心地投入其中。如此，我们就会选择将自己的一部分时间和金钱分配到自己的个人喜好当中去。

假设有一类人他们现在的年收入是 5 万美元。他们想通过金钱帮助穷人。第一种武断的做法是将自己的 5 万美元一次性捐献出去，但是这种做法并不可取。如果他们将所有财富捐给慈善机构，那么他们也会瞬间变成需要他人在衣食住行上进行帮困的对象。所以，对这些人而言，最好的做法就是先解决好自己的生计问题，然后再谈能促进精神文明建设的乐善好施行为。那么，这样做能有效地解决社会当中的贫困问题吗？也许是可以的。但如果选择了第一种武断的做法，他们就会因囊中羞涩而无力购买体面的服饰，继而也会为此失去晋升机会和获得高薪厚禄的可能。再假设他们能投入一部分金钱在社交当中，当他们结识到财力雄厚的上层人士，他们就有了说服那些人投身于慈善事业的机会。比如，一个人一年虽然只能捐出 5 000 美元的善款，但经过这个人的不懈努力，他或她最终说服了自己身边的 10 个朋友每人每年拿出 2 000 美元作为慈善捐款。这样根据众人拾柴火焰高的道理，我们不难发现即使一个人每年能捐出 1.6 万美元，但在 10 个人每年共 2 万美元的捐赠总额面前恐怕还是微不足道的。

一双皮鞋的代价

澳大利亚哲学家彼得·辛格（Peter Singer）提出了一个值得大家关注的问题，即地理距离会成为影响我们行善冲动的一大因素。

如果你看到池塘中有一个小孩马上就要溺水而亡，你大概会毫不犹豫地跳入水中把小孩救上来。紧急关头，你应该不会考虑自己会因此毁掉一双做工考究的皮鞋。其实，没有人会拿一个小孩的性命和一双皮鞋相提并论的。

如果你有这样一个机会，即捐出自己的一双皮鞋能够拯救一个远在异国的小孩，那你会为这个选择迟疑不决吗？是什么因素会导致你认为一个近在咫尺的小孩会比另一个与你相距一万公里的小孩更值得挽救呢？

你会选择剃头还是留胡子

多年以前，慈善行为通常是一种匿名形式的个人行为，通常包括：将钱投进捐款箱，通过网上或手机匿名捐款，甚至匿名成立一个慈善基金会。但是现在慈善捐赠已发展成为一种公开化、重在参与的公众活动。以前老套而单调的慈善步行活动早已被其他形式的慈善赞助活动所取代，诸如当下流行的"留胡子"活动、"剃头"活动、"攀岩"活动以及"假日"活动（例如，去国外参加马拉松比赛并帮助沙滩上的海龟重回大海等各种丰富多彩的慈善活动）。

当然，对于别人无法确认你能完成的活动，一般是不会有人赞助或承认的。比如说，相对而言，人

在步行或游泳的慈善活动中很容易开小差，而剃头或留胡子却是一种能达到立竿见影的效果的公开活动。当众展示型捐款不但能为慈善机构募集到更多的善款，而且还能展现你的慷慨大方。可以说，。这是一种非常博人眼球的活动形式。那么这种慈善活动形式是不是比其他形式的慈善活动收效更好？还是说无论采取哪种形式，最后的效果都是一样的？前提是筹集到的善款最终能为穷人所用。那么对于慈善活动，它的意义和形式对它本身又有怎样的意义呢？

让善举成为一种自然行为

亚里士多德是非常乐意看到我们的乐善好施之举，因为乐善好施可以提升我们的德行。另外，我们自己不仅会因此而受到鼓舞和感动，还能带动更多的人去行善积德。当怜悯和慷慨成为一种自然情感或举动后，我们会在这种自然情感和举动的影响下不假思索地帮助需要帮助的人（只要这种影响是积极向上的，但也不能陷入急功近利的误区，也就是说我们不能单纯地为了日后得到他人的帮助而选择性地帮助别人）。但假若你是一个情感麻木的人，或者说高尚的道德情操并不能带给你做人的乐趣，那么你是否还需要行善呢？答案是肯定的。因为人们会因你的一次善举而从中受益，与此同时好的行为表现还能增强你惩恶扬善的道德细胞的再生能力。最终，行善会潜移默化地成为人们内在的、无意识的行为，从某种程度上来看这与杰里米·边沁设计"圆形监狱"的思路是一致的（详见本书第 24 章"我们正在被监视吗"的相关内容）。行善也可看作是另一种形式的运动。起初，你或许是一个"生命在于静养"的忠实拥护者，但是当你一旦开始运动之后，你就会慢慢地喜欢上它，或许它还会成为你生活当中必不可少的一部分。依照亚里士多德的观点，也就是说不需要你喜欢上运动本身，同理，并不要求你在善举中投入多么真挚的情感，只要你每天抱着"勿以善小而不为"的思想，让自己从一点一滴做起，这样行善自然会成为你的"默认模式"，那时你也就成为了一个品德高尚的人。

第 27 章

生存，还是毁灭

面对命运的种种捉弄和折磨……

"生存，还是毁灭？"这是《哈姆雷特》的经典独白。对于这个问题，关键不在于判定自杀是否属于一个合理的或可接受的选择，而在于在"自我摧残"和"自我了断"这两者之中求证哪个选择会更显"高贵"。但这确实不是一个人在其情感或事业濒临崩溃之际所考虑的问题，而是一个人在沉思的氛围中会去思考的问题。

神灵赋予的生命

在许多人看来，庄严而神圣的宗教信仰会否决其信徒选择自杀的权利。如果你信仰的神灵禁止自杀这种行为，并且你对神灵的教诲言听计从，那么"自杀"就不是一个需要你去思考的议题。请你继续阅读，暂时忽略我们对于"自杀"的讨论。

然而如果你所信仰的神灵并没有禁止自杀这种行为，那结果会是怎样的呢？

"人为什么要自杀"属于一个永恒的问题，而且或许对一个有信仰的人至关重要。自杀行为的合理解释是在某人自知并自愿的条件下一种意图杀害自己的行为。我们还可以从另一个角度来分析，比如自杀还可以表现为——请医生为你开一份足以致命的药物。但另一方面，奋不顾身冲进火灾现场挽救某孩童生命的行为不能归结为自杀行为，即便

> 上帝'汝不应杀生'的指令可以看作是对自我毁灭的一种喝止。
>
> 圣奥古斯丁（St Augustine, 345—430）

最终救援者会不幸身亡，但是这个救援者本身并不想死。即使救援者认识到闯入火海救人或许会导致其丧命，但又因为这样的死亡不是一种预定性结果，所以也不能看作是自杀行为。同样，无意性过量服用处方药不能算作自杀，而有意识地或蓄意过量服用药物才能看作是自杀。具体来说，蓄意过量服用药物但并未死亡的行为属于一种"失败性"自杀行为。其实我们对自杀行为的判定也存在一些灰色的中间地带。比如有时会发生这样一种情况，即某人自杀的意愿本身并不强烈，但最终失手导致自己死亡，这种情况算作自杀吗？难道说这种人真的打算了结自己的生命？有些自杀属于"失败性"自杀，因为他们所选择的自杀手法"不够成功"——最终不能致其死亡。可见自杀需要的不仅仅是一种勇气，还有坚定的意愿、专业的知识以及最终的结果——缺一不可。（对于"哪些因素对人的行为起决定性作用"这个问题请参见本书第 17 章"'我不是故意的'这句话说了有用吗"相关内容的讨论。）

其实，不仅仅只有虔诚的宗教信徒会认为自杀是对神圣生命的一种玷污。只要我们能够接受这样一种观点——人的生命是宝贵的，无论我们一生会经历多少苦难，都不应轻易放弃自己的生命。那么我们就有了合理的理由去禁止一切杀戮行为。这里所讲的杀戮行为包括：司法判决的死刑、枪击持枪歹徒、战争中的屠杀以及对饱受疾病折磨却无康复希望的病人实施安乐死。而且这些情况下的杀戮行为也没有得到多少人的认同。

生命是不是一种不能谢绝的礼物？假如你对所赐予你的人生备感厌恶、无法容忍，那么你将不会怀有一颗感恩之心去珍视它的存在。如果礼物的捐赠者对赠出的礼物还保留着某种所有权或处置权，那么"将生命看作是一种礼物"的观点就无法成立。这样的话，当你不喜欢或不想保留这份礼物时，你尽可以将其处理掉。

自杀是一种可以容忍的选择吗

古希腊的哲学家会将自杀看成是一种不光彩的行为并认为这是一种懦夫的选择。柏拉图将自杀视为一种擅离职守，即活下去是神灵赋予你的一种职责或者说是一种让你赎罪所受的惩罚，而自杀则意味着你在逃避这种职责或惩罚。但柏拉图也允许一些特殊情况所导致的自杀行为，比如：神经错乱、极端折磨、对自己不道德行径的愧疚，以及法律强制执行的死刑。

包括古罗马哲学家塞涅卡（约前4年—65年）在内的斯多葛学派认为忍耐是一种美德，只有善于忍耐的人才能过上更加美好的生活。斯多葛学派是这样教导众人的：只要我们怀有坚忍不拔的顽强毅力并掌握了自我克制的本领，那么我们就应该尽可能地以一种理性且温和的态度接受所发生在我们身上的一切。虽然他们并不否认极端情绪的存在，但还是主张我们应尽力调整自己的情绪以求最终实现一种内心的平静。爱比克泰德（Epictetus），作为古罗马著名的斯多葛学派哲学家，他认为斯多葛学派主张的是这样一种追求，即"不因厌恶的感受、危险的处境、生命的完结、被流放的命运或耻辱的经历而让自己放弃对幸福的追求"。

但斯多葛学派并没有撤销人们对自杀的选择权。他们认为，在人们遭受无法摆脱的疾苦或疾病时；或当人们因暴君的专制统治或其他因素而无法过上有道德的生活时，那么自杀是受到允许的。换句话说，对于坚持自己信仰，思想不受他人摆布的智者来说，自杀无疑是他们最好的选择。此外，斯多葛学派还认为诸如健康和自由这些因素对于幸福是必不可少的，

自杀不仅仅是一种过失行为，更是一种罪孽。它体现的是一种终极的、绝对的邪恶；反映的是对生存意愿的排斥、对生命忠诚的亵渎。一个杀了人的人就是一个十足的杀手；而选择自杀的人杀死的不仅仅是自己还包括所有人类。就他而言，他毁灭的是整个世界。

吉尔伯特·基思·切斯特顿（G.K.Chesterten），《何谓正统》（Orthodxy）

9·11 事件：是意外坠楼，还是蓄意跳楼？

　　2001 年 9 月 11 日是让无数美国人民备感伤痛的一天，这天恐怖分子袭击了坐落于纽约市曼哈顿岛的双子塔楼，导致楼内约 200 人从窗口坠落或被迫跳楼身亡。事后来自纽约市法医检验部门的一份官方报告指出：这些坠楼者死于钝伤（如与地面发生的强力碰撞致死）而非自杀。这些人不能单纯地被视为"跳楼者"，因为"'跳'代表的是一种蓄意的主动选择，而这些人本身并没有这样的意愿。因此，最后法医会将他们的死因判定为他杀而不是自杀，因为确实是楼内人群的各种恐慌行为和基于他们自己的逃生本能让他们做出了'被迫'跳楼的选择。"

　　法医的这份报告并没有让非自愿跳楼者的家属满意。因为有些人认为无论情况多么危急，自杀都是一种要招致上天惩罚的邪恶行为。而在另一些遇难者的家属看来，让他们感到欣慰的是：他们的亲属在最后危难关头仍然能保持冷静而没有选择跳楼。那些家属还认为——即使死亡是楼内所有人共同的宿命，但是未选择跳楼这种死法的人的人格更加高贵。

　　9·11 事件罹难者的家属不愿向记者公开这张"坠楼者"的照片，因为他们一直认为自己的至亲或许会选择在楼内被大火烧死而不是选择跳楼。同时他们还坚信自杀是会遭受天谴的。

失去了健康和自由，人们很容易产生轻生的念头。塞涅卡曾说："对智者而言，生命的意义不在于他能活多久，而在于他认为应该活多久。"但这和因为失恋而跳河自杀是两个不同的概念。

有关强迫的问题

如果一个被俘虏的女间谍因为接连不断的严刑拷打而感到畏惧，最后不得已被迫吞食了氰化胶囊，那么这种被迫致死的行为是否属于自杀呢？假定她没有服毒身亡，那么她最后能否经受得住残忍的拷问呢？如果在严刑逼供下她卖国投敌了怎么办？因此在那种极端情况下，她不得不强迫自己服毒自尽。

是不是所有的强迫行为一定是由人为所导致的呢？设想这样一种情况：一个身患绝症并被病痛折磨得痛苦不堪的病患，他如果选择了结自己的生命，那只能视为一种在环境因素和病情的双重胁迫下的无奈行为。其实，大多数人之所以选择自杀是为了逃避某些事情：要么是一种可怕的局势，要么是难以承受的精神折磨。如果不需要采取死亡这种极端做法就能躲避人生中的苦痛，那么他们何乐而不为呢？试问和上述那个服毒的女间谍或在 9 · 11 事件中坠楼而亡的人相比，这种因病痛而选择自杀的人会不会更容易招致天谴呢？

> 当一个人周遭环境中的事物能顺应自然并与自然相契合时，那么这个人就适合活下去；如果这个人所拥有或预见的大部分事物都有悖于自然万物，那么这个人不妨选择放弃自己的生命。
>
> 西塞罗

思考无法想象之事

数百年来，信仰基督教的欧洲一直盛行着这样一种观点：即自杀是一种不可宽恕的罪孽。在托马斯·阿奎纳曾提出三点反对自杀的理由，当中有一点值得我们注意，即"自杀是一种自以为是的行为"，这种由我们自己决定何时结束自己生命的做法相当于篡夺了上帝对众生的生杀大权，这样做是对上帝的亵渎（阿奎纳的这种观点与上文中柏拉图对自杀的看法有相似之处）。或许只有当宗教不再干涉自杀这个伦理性问题时，哲学家才能重新审视"自杀是否属于一种正当的选择"这个问题。

经过浪漫主义运动，人们对自杀有了正面、积极的认识，这种新的认识就是：自杀是由于个人灵魂无法承受爱情或生活的煎熬而作出的一种必然反应。

　　古希腊先哲更倾向于从社会责任和对神灵的责任两方面来讨论自杀这个问题，而不是从个人困境的角度来讨论。大卫·休谟站在功利主义的立场声称自杀这一社会性问题依然与当今的人们息息相关。他认为如果生命的延续对个人而言是一种沉重的负担，那么这种人也不太可能为社会作出多大的贡献。相反，这种人的离世对社会带来的损失微乎其微，而这些人因离世得到的收益远远大于对社会造成的损失。在有些情况下，从功利主义等式的角度分析——自杀这种行为是不可取的，比如当有的成人自杀后，他们的子女就会变成可怜的孤儿，而这些孤儿后期的抚养费用就必须由社会来承担。不过有些人的自杀对社会的影响不大，比如这个选择自杀的人本身就是一个没有家庭的单独个体。对于自杀是否道德这一问题，我们必须具体问题具体分析，换言之，我们必须权衡以下两种伤害的大小，即继续生活对意图自杀的人所造成的精神伤害大呢？还是个人的自杀行为对他人（也许是个人或集体）的伤害更大？反对自杀的人认为自杀严重违背了社会契约精神，不过赞成自杀这种行为的人则会反驳：人之所以要选择自杀是因为社会并没有履行这种社会契约，否则人也不会因为无法忍受这样的生活而做出轻生的选择。

忍受难以忍受之痛

20 世纪的存在主义者通常会聚集在巴黎的咖啡馆一边抽烟一边喝咖啡，在他们看来世界是一种"荒诞而不合理"的存在，而存在于其中的人们过的是一种无意义的生活。他们认为这个世界并不存在什么上帝，我们每天的所作所为毫无意义，而虚无和死亡是我们人生的最终归宿。称其为"荒诞"不是因为它让我们感到可笑，而是因为它能使我们的人生和我们对价值的追求变得毫无意义。当我们认识到自己在世界中的无知无能和微不足道之后，我们会迅速被一种泰山压顶般的忧虑感或焦虑感包围，并立即陷入绝望的哲学深渊而无法自拔。

如果说我们得知人生最终会以泪水收场的话，那为何不立刻结束掉它？阿尔贝·加缪毕生都在竭力抗争这样的一种观点：即因为人生没有特定的意义所以我们也没有了活下去的意义。最后加缪指出：我们必须活下去，不管我们是否接受这样一种事实，即"努力本身足以让我们的心灵感到充实"。借用西西弗斯的故事做一个类比就是：遭到众神惩罚的西西弗斯每天都在周而复始而永无止境地做着同一件事，即每天把从山顶上滚落下来的巨石推上去。不过最后加缪对此总结道"我们必须设想西西弗斯其实是快乐的"，也就是说，我们应该接受现实，并从中体味那份只有自己才能体会得到的自由快感，就让我们生活在属于自己的那种自由当中吧！

自杀是一种责任

美国哲学家约翰·哈德威格（John Hardwig）提出了一个引发争议的观点，即在有些情

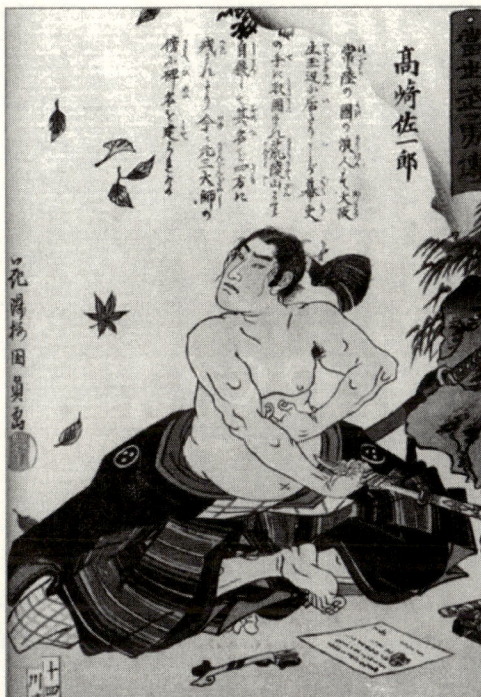

对于一个在战场上战败的日本武士而言，他只有两个选择：要么在强烈的羞辱感驱使下自我了断，要么被处以死刑。其中切腹自尽是日本武士采用的一种仪式性的自杀方式，并且以这种方式了结自己的生命被认为是他们的一种道德义务。切腹自尽通常被称作 sepukku 或 hara-kiri，而前者（sepukku）较之后者（hara-kiri）则更显高贵和正式。另外，日本本国人一般习惯使用 sepukku 这个词表示切腹自尽，而英语国家的人们一般则会使用 hara-kiri 这个词来表示切腹自尽。日本武士自尽时会选用一种特别的刀，长度大约在 30~60 厘米，叫作"肋差"的短刀，他们就是用这种刀切开自己的腹部而死的。

况下自杀是人们的一种道德责任。如果说某些人生命的延续会成为他人的一种负担，如果结束那些人的生命会比延续其生命产生更大益处的话，那么不妨让那些人选择自杀。尽管让人稍感欣慰的是——哈德威格还没有"偏激"到认为人们应该杀掉那些成为他人麻烦的人，但是他还是坦言道："不管是出于我的懦弱、理智还是我的优柔寡断，我所能想象得到的是——当我所爱的人成为我的一种负担之后，我将无法再履行保护他们的义务。"

没有人会愿意死。即使是想升入天堂的人也不愿为此而放弃自己的生命。但是死亡是我们大家共同的归宿，以前没有人能逃避它，现在或以后依然不会有人能逃脱死亡的宿命。因为死亡对人类来说很可能是一种独一无二的、最好的生命创造。它还是生命的推动者和变革者，更会为新事物披荆斩棘，担当开路先锋。

史蒂夫·乔布斯

哲学——一门没有终点的学科

哲学是一门永无止境，需要我们世代为之努力的学科。一旦你开始乐于思考各种各样的问题（比如生命是如何产生的），就预示着你已经踏上了一条通向智慧的不归路。即使你能为自己的问题找到令自己满意的答案，但你还会不断地为更多的新问题去寻找答案。但是无论如何，对每一个喜爱哲学的人来说，有这样一个问题是人人首先应该思考的，"（对这个问题），我是怎样思考的？"即对于任何问题人人都必须有自己的独到见解。正如丹麦哲学家克尔凯郭尔所说："**寻找一个对我而言是真理的真理，寻找一个我愿意为它活、为它而死的理念。**"

我们学习或研究哲学的目的在于追求真理。如果我们认为只要踏上了探究真理的道路最终就能获得绝对真理，那么这条探究之路将会是一条漫长而望不到终点的路，不过这并不意味着我们一定会以失败告终。如果我们将它看成是对"适合（你）自己的真理"的探索，那么你或许能胜利地抵达终点，而且在你抵达终点后或许还会完全接受这样的真理。

最后，让我们向早期西方哲学的开创者——索福克勒斯致敬！并请大家谨记这句话，"苟且偷生的人生是毫无价值的。"

译者后记

　　历时三个多月的时间，我终于阅读并翻译完了由英国女作家安妮·鲁尼撰写的这本《安妮聊哲学》。现在我就来谈谈我对这本书的所感所悟。总体来说，我对这本书的感触主要来自以下两个方面：首先，翻译完这本书，我对笔译这个职业有了更加透彻的认识；其次，这本书带给我最深感触或者说能让我心灵为之震撼的是——东西方在文化与思维上的差异。

　　首先，我想与读者分享一下我个人对翻译这个职业的切身体会。在我看来，译者其实是搭建在原书作者与译文读者之间的一座桥梁。也就是说，在翻译的过程中（翻译其实就是一个将源语言转化成目标语言的过程），译者除了要领会原书作者的写作意图以及与作者在书中提出的各种观点产生共鸣之外，译者还扮演着一个"思想与观点传递者"的角色。换言之，与其将翻译工作者看作是一个"实现一国语言转化为另一国语言"的高精度文字处理系统，不如将其喻为一名"解读与转化西方思维并传播不同文化价值观"的使者。

　　在我进行翻译的第一个阶段（即全书的第一遍翻译），我发觉每每翻译完一章自己都会产生一种美名其妙的"饥饿感"，换句话说，在我每读完一章后，我总会对书中的内容产生一种不知所云、似懂非懂的朦胧感。于是，我就在想这种朦胧感究竟由何而生呢？难道说西方人的文字与他们的饮食一样——在你阅读或用餐完毕，最后都会带给你一种"没吃饱"的感觉吗？我带着这个疑问进入了翻译的第二个阶段——检查与校对。在我逐字逐句把翻译过每一章的内容进行检查的时候，我突然悟出了其中的答案。这个答案其实就是我开头所讲的——东方人与西方人在文化与思维上的差异。比如说，在我国几千年的饮食文化中，我们对每道菜肴是否美味的判断标准会基于对菜品"色""香""味"这三方面的要求，只有做到了色香味俱全，那么这道菜才可能被称之为上品。然而"色""香""味"这三种感受无一不属于我们的感性认识，可见像我们东方人是更加注重饮食带给我们的感官享受；而西方的饮食文化则强调的是一种"科学饮食"和"健康饮食"，他们会将理性渗透到自己的饮食文化当中，若非要让他们在"口味"和"营养"这两者之间做出选择的话，他们一般会选择后者。对理性和感性的不同偏爱应该属于东西方的一大文化差异。东西方人除了这种文化上的差异，当然还有思维（方式）的差异。

将这本书通读之后，我发现整本书几乎很少出现概念性或定义类的语句，其实当你泛泛浏览完此书之后，你不难发现本书的每一章都是以问题开篇。也就是说，作者想让她的每一位读者都能带着问题去阅读，或者说在某个问题的引导下，让读者有方向、有目的地阅读和思考。

从某种角度上来讲，概念或定义其实就是标准答案的另一种形式。而作者对每一章的每一个问题都没有设立标准答案，这也反映了作者的写作意图，即培养读者独自思考的能力、一种属于自己的思维（方式）。正如莎士比亚所说，"一千个观众眼中有一千个哈姆雷特。"这一千个哈姆雷特就是一千种答案。如果我将"这个问题的标准答案是什么呢？"这个问题抛给作者安妮·鲁尼，我猜想她或许会这样回答："标准答案就在你心中。"其实，有些时候问题的答案本身并不重要，重要的是一个人看待和思考问题的视角。

谈到"标准答案"这个话题，这触发了我对东西方教育模式的一点思考。我们的教育似乎倾向于向学生灌输一些常识性的概念、强调某个问题或现象的标准答案，而至于为什么会产生这种现象，而这种标准答案是怎样形成的这类问题我们却很少涉及。反观西方的教学模式，他们的想法和做法与我们迥然不同。在他们的课堂上，老师提出问题后并不太关注会有多少学生能知道答案，而他所在意的是学生会如何思考提出的问题。而且老师的真正用意也是想培养学生的独立式和发散式的思维能力。有关教育问题的这个事例也反映了东西方人在思维或认识上的差异，我们强调的是问题的标准答案、看重的是问题的最终结果——即学生的考试成绩。似乎也只有考试成绩能成为学生的最佳考核标准。而西方人的教育会给学生留出更多的思考和相互交流的空间，他们强调的是一种互动式教学，将学习看作成一个过程，更关注的是学生怎样才能更好地、有效地吸收知识，或者说怎样才能让学生在一个欢乐的氛围中学习到知识。

哲学，作为一门智慧的学科，它离不开人的发问与思考。如果专业哲学书籍中的语言过于晦涩和深奥，如果哲学教科书上的概念或理论让你感到乏味和无趣，或者说你喜欢思考、你还想通过思考来锻炼自己的思维能力的话，这时你不妨看看这本通俗化的哲学读物——《安妮聊哲学》，相信这本书带给你的不仅仅是阅读的乐趣，更重要的是它能帮助你参透那些曾经令你百思不得其解的问题，并让你从中体味到一种豁然开朗的感觉。

最后，感谢赫绍民、庄立、司晓晨、耿博对本书翻译作出的贡献。

何放

图书在版编目（CIP）数据

安妮聊哲学 /（英）鲁尼著；何放译 . —北京：中国人民大学出版社，2016.5

书名原文：The 15-Minute Philosopher

ISBN 978-7-300-22810-5

Ⅰ . ①安… Ⅱ . ①鲁… ②何… Ⅲ . ①哲学思想—研究 Ⅳ . ① B1

中国版本图书馆 CIP 数据核字 (2016) 第 083355 号

安妮聊哲学

［英］安妮·鲁尼（Anne Rooney） 著

何 放 译

Anni Liao Zhexue

出版发行	中国人民大学出版社
社　址	北京中关村大街 31 号　　　　　　邮政编码　100080
电　话	010-62511242（总编室）　　　　010-62511770（质管部）
	010-82501766（邮购部）　　　　010-62514148（门市部）
	010-62515195（发行公司）　　　010-62515275（盗版举报）
网　址	http://www.crup.com.cn
	http://www.ttrnet.com（人大教研网）
经　销	新华书店
印　刷	北京中印联印务有限公司
规　格	190mm×210mm　24 开本　　　　**版　次** 2016 年 5 月第 1 版
印　张	10.75　插页 1　　　　　　　　　**印　次** 2016 年 5 月第 1 次印刷
字　数	237 000　　　　　　　　　　　　**定　价** 49.00 元

版权所有　　侵权必究　　印刷差错　　负责调换